CATALOGUE

DES

LIVRES ET ESTAMPES

EN PARTIE

RELATIFS A L'HISTOIRE DE FRANCE ET A L'HISTOIRE DE PARIS

COMPOSANT LA BIBLIOTHÈQUE

DE FEU M. LE GÉNÉRAL RÉBILLOT

ANCIEN PRÉFET DE POLICE

*La vente aura lieu le lundi 26 mai et jours suivants
à 7 heures du soir,*

Rue des Bons-Enfants, 28, salle Silvestre

Par le ministère de Mᵉ BOULOUZE, commissaire-priseur
rue de Richelieu, 67.

———⋙ ٥٥٥ ⋘———

PARIS

CHEZ L. POTIER, LIBRAIRE

QUAI MALAQUAIS, 9

1856

CATALOGUE

DES

LIVRES ET ESTAMPES

EN PARTIE

RELATIFS A L'HISTOIRE DE FRANCE ET A L'HISTOIRE DE PARIS

COMPOSANT LA BIBLIOTHÈQUE

DE FEU M. LE GÉNÉRAL RÉBILLOT

ANCIEN PRÉFET DE POLICE.

La vente aura lieu le lundi 26 mai et jours suivants
à 7 heures du soir

Rue des Bons-Enfants, 28, salle Silvestre

Par le ministère de Mᵉ BOULOUZE, commissaire-priseur
Rue de Richelieu, 67.

PARIS

CHEZ L. POTIER, LIBRAIRE

QUAI MALAQUAIS, 9

1856

La bibliothèque de feu M. le général Rébillot, quoique assez peu considérable par le nombre des volumes qu'elle contient, présente cependant un certain nombre d'ouvrages importants et dont quelques-uns même doivent être signalés à cause de leur rareté. On en pourra juger par les articles suivants, que nous nous contenterons d'indiquer : *Heures de Notre-Dame*, Paris, Ant. Verard ; *Horæ beatæ Mariæ*, Paris, Gilles Hardoyn, imprimées sur vélin (nᵒˢ 10 et 11); *Le Vergier d'honneur*, par Octavien de Saint-Gelais (nᵒ 258); *Perceval le Gallois*, Paris, Galliot du Pré, 1530 (nᵒ 290); *La Mélusine*, par Jean d'Arras, Lyon. Math. Hus, vers 1485 (nᵒ 148); *Les monuments français de Willemin* (nᵒ 368); *Collection des Mémoires sur l'histoire de France*, par Petitot, 131 vol. ornés de 2305 vignettes et portraits choisis avec soin (nᵒ 369); *Mémoires de Saint-Simon*, 21 vol. in-8, avec plus de 600 portraits (nᵒ 399), etc., etc.

Quelque goût que M. le général Rébillot eût pour les livres, les estampes obtenaient de lui une préférence marquée, surtout lorsqu'elles se rattachaient à l'histoire civile, politique et morale de la France, et en particulier à celle de Paris. Aussi avait-il réuni en grande quantité les portraits, les sujets historiques, les scènes de mœurs, les costumes, la topographie (plans et vues de villes, d'édifices, etc.).

La topographie, qui à elle seule compte plus de 1,600 pièces, la plupart sur Paris, mérite une mention toute particulière. C'est certainement une des plus riches collections de ce genre qui aient jamais été mises en vente. Nous indiquerons dans les gravures, comme étant dignes d'attention, l'OEuvre d'Abr. Bosse (n°s 68 à 103); *La belle Jardinière*, de Raphaël, gravée par Desnoyers (n° 109), épreuve avant toute lettre; le Recueil de Facéties (n° 120); diverses pièces de Boucher (n°s 106-108), de Chardin (n°s 113-114), de Watteau (n° 158); les portraits par Nanteuil, Edelinck, etc. (n°s 202-205, 213, 214); les recueils de costumes de Bonnard (n°s 220 et 221), etc. Dans la topographie, il suffira de citer les pièces de Chatillon, Israël Silvestre, J. Marot, Perelle, etc., parmi lesquelles on remarquera surtout le *Carosel de la place Royale* et le *Portrait de la Maison de Ville de Paris*, par Chatillon (n°s 167 et 498), etc.

L. P.

CATALOGUE

DES

LIVRES ET ESTAMPES

DE LA BIBLIOTHÈQUE

DE FEU M. LE GÉNÉRAL RÉBILLOT.

THÉOLOGIE.

1. Biblia sacra vulgatæ editionis, Sixti V jussu recognita, et Clementis VIII auctoritate edita. *Coloniæ Agrippinæ*, 1659, pet. in-8, m. n.   3 . 25

2. La Bible, qui est toute la sainte Écriture, contenant le Vieux et le Nouveau Testament. *Genève, F. Jaquy*, 1564, in-8, v. br. compart. tr. dor.   20

3. Sainte Bible, traduite sur les textes originaux (par Legros). *Bruxelles*, 1757, 5 part. en 6 vol. in-12, v. f. fil.   1 . 75

4. Le Nouveau Testament avec les Actes des Apôtres, traduits en français par de Sacy. *Paris*, 1808, 2 vol. in-8, fig. demi-rel. v. bl.   3 .

5. La Vie de Notre-Seigneur Jésus-Christ, écrite par les quatre évangélistes, rédigée par l'abbé Brispot, ouvrage illustré de 130 gravures. *Paris*, 1853, 2 vol. in-fol. demi-rel. mar. n.   34 .

6. Histoire de la Passion de Jésus-Christ, composée en 1490 par le P. Olivier Maillard, publiée en

1828, par G. Peignot. *Paris, Crapelet*, 1828, gr. in-8, pap. vél. demi-rel. mar. n. n. r.

7. Dissertation sur les porches des églises, par J. B. Thiers. *Orléans,* 1679, in-12, v. br.

8. J. B. Thiers, Exercitatio adversus J. de Launoy dissertationem. *Parisiis*, 1662, in-12, v. br.

9. Les Heures nostre dame a lusaige de Rome sans requerir. (A la fin) : *Ces presentes heures furent achevees le x jour de novembre mil cinq cens et huit, par Anthoine Verard...* Gr. in-8, goth. fig. sur bois, rel. en velours rouge, tr. dor.

Imprimé sur vélin. Calendrier de 1505 à 1520. Ce volume est orné de 14 grandes vignettes et d'un grand nombre de petites très-bien peintes en or et en couleur. Il est malheureusement incomplet de plusieurs feuillets. On lit cette mention sur le titre : *Ex libris S^{ti} Johannis Carnotensis*, 1758.

10. Hore Beate Marie Virginis ad usum Romanum. (A la fin) : *Ces Heures a lusaige de Romme, tout au long sans riens requerir, ont este imprimees a Paris par Guillaume Anabat pour Gillet Hardoyn et pour Germain Hardoyn.* S. d. gr. in-8, goth. (almanach de 1508 à 1512), fig. et bord. sur bois, v. f. fil. tr. d.

Imprimé sur vélin. Ces heures sont ornées de 14 grandes vignettes, et d'un assez grand nombre de petites, peintes avec soin en or et en couleur. Toutes les pages sont en outre entourées de jolies bordures sur bois. Le volume, très-bien conservé, est dans sa première reliure, qui porte ce nom sur les plats : Abraham Dagneau.

11. Les Heures du chrestien, divisées en trois journées... où sont compris tous les offices... le tout traduit en vers, par le sieur Magnon. *Paris, S. Martin*, 1654, in-8, mar. r. à riche compart. à petits fers, tranche peinte. (*Rel. anc.*)

12. Livre d'heures ou offices de l'Église, illustrés d'après les manuscrits de la Bibliothèque du Roi, par mademoiselle A. Guilbert, et publiés sous la direction de M. l'abbé Des Billiers. *Paris,* 1843, in-8, goth. vign. et bord. sur bois, rel. en velours vert, doublé de satin blanc, tr. dor. avec fermoirs et ornements sur les plats en vermeil.

Bel exemplaire dont toutes les lettres initiales, les bordures et les vignettes ont été peintes avec soin en or et en couleurs.

13. Preces piæ. In-8, demi-rel. v. f.   4 . 25

Manuscrit du quinzième siècle sur vélin, et orné d'initiales et de bordures peintures en or et en couleurs.

14. Les Pensées de Blaise Pascal. *Paris, Lefèvre*, 1839, gr. in-8, pap.-vél.-portr. demi-rel. v. f. n. rogné.   10 . 50

15. Lettres écrites à un provincial, par Blaise Pascal. *Paris, Lefèvre*, 1839, gr. in-8, pap. vél. demi-rel. v. v. n. rogn.

16. Petit Carême de Massillon. *Paris, Lefèvre*, 1824, gr. in-8, pap. vél. portr. demi-rel. v. bl. n. rogné.   4 . 75

17. Première partie du Directoire des contemplatifs, compose par venerable et devot religieux Henry Herp, laquelle traicte de la vie active, donnant singuliere instruction et brieve doctrine a tous chrestiens pour parvenir a la vie spirituelle et contemplative, traduicte de latin en francoys, avec le Mirouer de la court, compose par maistre Jehan Gerson. *On les vend a Paris, rue Saint-Jacques a lenseigne du Loup devant les Mathurins, par Poncet Le Preux, libraire*, 1550, in-16, goth. v. br.   15 . 50

18. Des Sentences épiscopales, dissertation historique et théorique, par l'évêque de Luçon. *Paris*, 1852, in-8, br.   2 .

19. Le Livre des Marchans, fort utile à toutes gens, pour cognoistre de quelles marchandises on se doit donner garde d'estre deceu. *Par Gabriel Cartier*, 1582, in-16, v. r. tr. d. (*Ducastin.*)   40 .

SCIENCES ET ARTS.

PHILOSOPHIE MORALE. — POLITIQUE, ETC.

20. Essais de philosophie, par Charles de Rémusat. *Paris*, 1842, 2 vol. in-8, demi-rel. mar. v.

21. Essais de Michel de Montaigne, avec les notes de tous les commentateurs, édition publiée par V. Le Clerc. *Paris, Lefèvre*, 1826, 5 vol. gr. in-8, pap. vél. demi-rel. v. n. rogn.

22. Réflexions ou Sentences et maximes morales de la Rochefoucauld. *Paris, Lefèvre*, 1827, gr. in-8, pap. vél. portr. demi-rel. mar. r.

23. Maximes et réflexions morales du duc de la Rochefoucauld. *Paris, Didot jeune*, 1827, in-128, mar. bl. tr. dor. dans un étui.

Édition en caractères microscopiques, devenue fort rare.

24. Les Caractères de la Bruyère, suivis des Caractères de Théophraste, traduits du grec par le même. *Paris, Lefèvre,* 1829, 2 vol. gr. in-8, pap. vél. demi-rel. v. bl. n. r.

25. De la Philosophie morale, ou des différents Systèmes sur la science de la vie, par J. Droz. *Paris*, 1824, in-8, demi-rel. v. ant.

26. De la Femme, sous ses rapports physiologique, moral et littéraire, par Virey. *Paris*, 1825, in-8, demi-rel. v. br.

27. Le Ménagier de Paris, traité de morale et d'économie domestique, composé vers 1393 par un bourgeois parisien, publié pour la première fois par la Société des Bibliophiles français. *Paris, Crapelet,* 1846, 2 vol. gr. in-8, demi-rel. m. v.

28. Les Demandes faites par le roi Charles VI, tou-
chant son état et le gouvernement de sa personne,
par Pierre Salmon, publiées par Crapelet. *Paris,
Crapelet*, 1833, gr. in-8, pap. vél. fig. — Lettres de
Henri VIII à Anne Boleyn, publiées par Crapelet.
Paris, Crapelet, 1835, gr. in-8, pap. vél. demi-rel.
mar. br. n. rogné.

29. De la Démocratie en France, par M. Guizot.
Paris, V. Masson, 1849, in-8, demi-rel. m. v.

30. Des Prisonniers, de l'Emprisonnement et des
prisons, par M. G. Ferrus. *Paris, Germer Baillière*,
1850, in-8, demi-rel. m. v.

31. Cours complet d'économie politique pratique,
par Jean-Baptiste Say. *Paris*, 1828, 6 vol. in-8,
demi-rel. v. f. n. rogn.

HISTOIRE NATURELLE. — MÉDECINE.

32. Cosmos, Essai d'une description physique du
monde, par Alexandre de Humboldt, traduit par
H. Faye et Galuski. *Paris, Gide et Baudry*, 1848,
3 vol. in-8, demi-rel. mar. v.

33. Essai sur la théorie des volcans d'Auvergne (par
de Montlosier). *Clermont*, 1802, in-8, demi-rel.
v. f.

34. Tableau des corps organisés fossiles, précédé
de remarques sur leur pétrification, par Defrance.
Paris, 1824, in-8, demi-rel. v. v.

35. Richesse minérale de l'Algérie, par Henri Fou-
nel. *Paris, Imprimerie nationale*, 1849, tome 1er,
in-4, br.

36. Du Dromadaire comme bête de somme et comme
animal de guerre, par le général Carbuccia. *Paris,
Dumaine*, 1853, in-8, demi-rel. v. r.

37. Physiologie de l'espèce. Histoire de la généra-
tion de l'homme, par Grimaud de Caux et Martin

Saint-Ange. *Paris, V. Masson,* 1847, in-4, demi-rel. m. bl.

38. Traité de physiologie, par Longet. *Paris, V. Masson,* 1852, 2 vol. in-8, demi-rel. m. bl.

39. Conseils et moyens faciles pour vivre longtemps dans une parfaite santé, traduit de l'italien de Louis Cornaro, noble vénitien, par M. D***. *Paris, Edme,* 1772, in-12, dos et coins de m. bl.

40. Physiologie du goût, ou Méditations de gastronomie transcendante (par Brillat-Savarin). *Paris,* 1826, 2 vol. in-8, demi-rel. v.

SCIENCES OCCULTES.

41. Histoire critique des pratiques superstitieuses, par le P. Pierre le Brun. *Amsterdam,* 1733, 4 tom. en 2 vol. in-8, v. jaspé.

42. Discours exécrable des sorciers, ensemble leur procès, avec une instruction pour un juge en faict de sorcellerie, par Henry Boguet. *Rouen, Jean Osmond,* 1603, in-12, v. br.

43. Histoire admirable de la possession et conversion d'une pénitente séduite par un magicien, par le R. P. S. Michaelis; seconde édition. *Lyon Chastelain,* 1614, in-8, v. viol.

44. Philosophie naturelle de trois anciens philosophes renommés : Artephius, Flamel et Synesius, traitant de l'art occulte et de la transmutation métallique. *Paris, Laurent d'Houry,* 1682, in-4, v. jaspé.

45. Almanach pour l'année première civile mil six cens treize, contenant la mutation de l'air et les accidens du monde, par Noël Léon Morgard. *Paris* (*s. d.*), pet. in-8, cart.

BEAUX-ARTS.

I. *Peinture et dessin.*

46. P. Rommel. — Un Bélier, une brebis et son agneau, peinture à l'huile encadrée.

47. Alès. — Cinq dessins : clairs de lune et effets de soir.

48. Dumoustier (attribué à). — Deux portraits d'homme.

49. G. Clinchetel ou Klinchtett.

Charmant dessin sur vélin dans un cadre bizeauté.

50. Lainée. — Un Concert au xviiie siècle, dessin.

51. Marlet. — Rentrée de Louis XVIII en 1815, dessin lavé.

52. Vestière (Mlle). — Portrait de Thérouane de Méricourt, pastel in-fol.

53. Wille (P. A.) fils. — Vieillards demandant l'aumône, dessin à la plume, lavé.

54. Décoration de l'Opéra-Comique, *la Servante justifiée*, en un acte, par Fagan et Favart, jouée à la foire Saint-Germain (1740), etc. 2 dessins.

55. Dessins divers. 10 pièces.

Vue perspective de l'hôtel des Fermes générales du tabac, sis au Carrousel. *Moreau*, 1753, etc.

56. Recueil de costumes de théâtre, dessinés à la plume, et lavés au bistre. 47 pièces, 1 vol. in-fol. obl. demi-rel. mar. vert.

Curieux recueil suivi de plusieurs calques.

57. Dessins chinois. 8 pièces in-4 obl.

2. *Gravure*.

A. Histoire.

58. Histoire artistique et archéologique de la gravure en France, par Alfr. Bonnardot. *Paris, Deflorenne,* 1849, in-8, pap. de Holl. demi-rel. mar. bl.

59. Manuel de l'amateur d'estampes, par Joubert père. *Paris,* 1821, 3 vol. in-8, demi-rel. m. v.

60. Manuel de l'amateur d'estampes, par Ch. Leblanc. *Paris, Jannet,* 1850, 6 livr. in-8, br.

61. Le Pourtraict de l'iconophile parisien, painct au vif par H. Bonnardot. *Paris,* 1852, in-18, pap. de Holl. demi-rel. v.

Tiré à 200 exemplaires, dont 20 sur papier de Hollande.

B. Estampes de divers genres.

62. Aubry. — L'Occupation du ménage, gravé par Blot.

63. Audran (Gérard). — Les Batailles d'Alexandre. 18 pièces.

64. Baudouin (P. A.). — Annette et Lubin, gravé par H. Ponce. — La Sentinelle en défaut, gravé par M. de Launay en 1771. — Le Midi. — La Nuit, gravé par E. de Ghendt. — Le Clystère. 5 pièces.

65. Bella (Stefano della). — Les Caprices, diverses têtes et figures, etc. 48 pièces.

66. Bloemaert (Corn.). — Le Bouvier. — La Marchande de volailles. — Le Pêcheur. — Le Berger. 4 pièces.

67. Boissieu (J. J. de). — L'Écrivain public (1790). — L'ancienne Porte de Vaise à Lyon (1803). — Pie VII sur les bords de la Saône (1803). 3 pièces.

68. Bosse (Abraham). — Préparation du soldat chrétien au combat spirituel. *Boisseau excud.*

69. — Les OEuvres de miséricorde. — Visiter les malades. *Leblond exc.* — Donner à boire à ceux qui ont soif. — Ensevelir les morts. (L'adresse de Leblond est effacée.) 3 pièces.

70. — Le Mauvais riche à table. *Leblond exc.* — La Mort du mauvais riche. *Leblond exc.* 2 pièces.

71. — Les Vierges sages et les vierges folles. *Leblond exc.* 3 pièces.

72. — L'Enfant prodigue dans une maison de débauche. (L'adresse effacée.) — L'Enfant prodigue à table. *Leblond exc.* (La bordure est coupée.) 2 pièces.

73. — Les Quatre Parties du monde. *Leblond exc.* 4 pièces.

74. — Les Quatre Éléments. 4 pièces.

75. — Les Saisons. — l'Automne. *Leblond excud.* — L'Hiver. *Leblond excud.* 2 pièces.

76. — Les Sens. — La Vue. — L'Ouïe. — Le Goût. — Le Toucher. *Mel. Tavernier excud.* 4 pièces.

77. — Les Ages. — L'Enfance. *Leblond excud.* — L'Adolescence. — La Vieillesse. *N. D. Poilly exc.* 3 pièces.

78. — Guillery volant une vieille femme. *Mariette exc.*

79. — Le Prévôt des marchands et les échevins présentés à Louis XIII, lors de son retour du siége de la Rochelle. *Pierre Firens exc.*

80. — Réception des chevaliers de l'ordre du Saint-Esprit. 3 pièces.

81. — L'Infirmerie de l'hôpital de la Charité de Paris. *Herman Veyen excud.*

82. — La Galerie du Palais. *Leblond excud.*

83. — Cérémonie observée au contrat de mariage de Uladislaus IIII et de Louise-Marie de Gonzague, le 25 septembre 1645.

84. — Les Comédiens de l'hôtel de Bourgogne. *Leblond excud.*

85. — La Joie de la France. 1638.

86. — Louis XIII à genoux devant un crucifix. — Louis XIII en Hercule. *F. L. D. Ciartres excud.* 2 pièces.

87. — La Fortune de la France. *Leblond excud.*

88. — Les Forces de la France sous le règne de Louis le Juste. *Mariette excud.*

89. — Le Siége de La Motte. *A. Boudan excud.*

90. — Les Cris de Paris. *Leblond et Gallay excud.* 12 pièces.

91. — Le Maître et la Maîtresse d'école. *N. D. Poilly excud.* 2 pièces.

92. — Le Sculpteur. — Le Peintre. — Le Graveur. — L'Imprimeur en taille-douce. 4 pièces.

93. — Des Femmes à table en l'absence de leurs maris. *Leblond excud.* (La bordure coupée.) — Copie anonyme en sens contraire, faite au XVIIe siècle. 2 pièces.

94. — Le Mari qui bat sa femme. — La Femme qui bat son mari. *Leblond excud.* 2 pièces.

95. — Les Métiers. — Le Pâtissier. — Le Cordonnier essayant une paire de souliers. — Les Cordonniers travaillant. — Le Barbier (la bordure rognée). — Le Chirurgien (*idem*). — L'Apothicaire. 6 pièces.

96. — Le Mariage à la ville. — Le Contrat. — La Mariée se déshabillant le soir de ses noces. — L'Accouchement. — Le Retour du baptême. — La Visite à l'accouchée. — La Visite à la nourrice. 6 pièces.

97. Le Mariage à la campagne. — Le Branle où la
nouvelle mariée est menée par le seigneur du village. — Le Chaudeau à la mariée. — La Mariée
recevant ses cadeaux le lendemain de ses noces.
3 pièces.

98. — Le Bal. *Leblond excud.*

99. — L'Étude du procureur. *Leblond excud.* (La
bordure coupée.)

100. — Une Femme faisant de la tapisserie. — Le
Courtisan suivant le dernier édit. 2 pièces.

101. — Costumes divers. 8 pièces.

102. — Un écran représentant les Quatre Ages.

103. — Un éventail représentant les Quatre Ages.

- - -

104. Baudoin (d'après). — Le Fruit de l'amour
secret, grav. par Voyez junior. — Le Catéchisme.
— Le Confessionnal, grav. par Moitte. 3 pièces.

105. Benazech. — Le Prix de l'agriculture. — Le
Couronnement de la rosière. 2 pièces.

Très-belles épreuves de ces gravures en couleur.

106. Boucher (Fr.). — Les Grâces au bain, gravé
par W. Ryland. — L'Amour frivole, gravé par
Beauvarlet. 2 pièces.

107. — Cris de Paris, gravés par Lebas, Ravenet, etc.
13 pièces.

108. Boucher (d'après). — Pensent-ils au raisin,
grav. par J. Ph. Lebas, in-fol. 1 pièce.

109. BOUCHER DESNOYERS (Auguste). — La Belle
Jardinière. Estampe encadrée.

Très-belle et très-rare épreuve AVANT LA LETTRE.

110. Callot (Jacques). — Les Gueux, la Noblesse
et les Caprices. 50 pièces.

111. CANOT. — Le Souhait de la bonne année au grand-papa, gravé par J. Ph. Lebas.

112. CAYLUS (le comte de). — Les Cris de Paris, d'après Edme Bouchardon. 5o pièces.

113. CHARDIN (J. B. S.). — Le Négligé, ou Toilette du matin, gravé par Lebas en 1741. — La Pourvoïeuse. — Le Pardon, gravé par P. Dupin en 1743. — La Ratisseuse. — L'Enfant gâté, gravé par Charpentier. 5 pièces.

113 bis. — La Fileuse, gravé par L. Surugue en 1747. —La Mère laborieuse, gravé par Lépicié en 1740. — La Gouvernante, gravé par Lépicié en 1739. — Le Benedicite, gravé par le même en 1744. — Le Château de cartes, gravé par le même. 5 pièces.

114. CHARDIN (d'après). — Une Femme assise, jouant de la serinette, gravé par Laurent Cars.

115. COCHIN (Charles-Nicolas). — Le Chanteur de cantiques. — Le Château de cartes. — Le Camouflet, gravé par N. Dupuis. 3 pièces.

116. COUVAY (J.). — La Maîtresse d'école. — Le Courtisan réformé, etc. 5 pièces.

117. DUMENIL. — Le Déjeuner de l'enfant, gravé par Élis. Claire Tournay. — Le Traitant, gravé par Lucas. 2 pièces.

118. DUMOUCHEL (M.). — Le Bain. — Le Nourrisson, gravés par P. Dupin. 2 pièces.

119. EISEN (Ch.). — La Marchande de plaisirs. — La Marchande de chansons, grav. par P. L. Cars. — Le Jour. — La Nuit, grav. par Patas. 4 pièces.

120. FACÉTIES. — Le Testament de Jeanne. — Le Parnasse ridicule de la place Maubert. — Raillerie d'un crieur de Pampelune, gravé par Humbelot. — Le Retour de Gonesse. — Les Enfans desolez. — L'Escuyer Girard. — Le Crieur de gazette. — L'Escuyer à la mode, etc. 14 pièces.

121. Fessard (Étienne). — Composition d'un buffet d'orgue. — Beaudouin. — Exercice des gardes françaises. 2 pièces.

122. — Bal de Saint-Cloud, d'après St. Poussin, in-fol. 1 pièce.

123. François (Jules). — Pèlerins, d'après Paul Delaroche, épreuve sur papier de Chine. Estampe encadrée.

124. François (Alphonse). — Pic de la Mirandole, d'après Paul Delaroche. — Mignon et son père, d'après Ary Scheffer. — François (Jules). — Les Pèlerins sur la place Saint-Pierre à Rome, d'après Paul Delaroche. 3 pièces (les deux dernières sont avant la lettre).

125. Frosne (J.). — Louis XIV écrasant le Crime.

126. Greuze (J. B.). — La Mort de l'oiseau, gravé par J. J. Flipart. — La Paresseuse, gravé par P. E. Moitte. 2 pièces.

127. Greuze (d'après J. B.). — La Lecture, gravé par Martinasi. — L'Enfant gâté, gravé par J. P. Lebas. — La Ménagère, gravé par J. Danzel. 3 pièces.

128. Henriquel-Dupont. — Lord Strafford, d'après Paul Delaroche, épreuve sur papier de Chine. Estampe encadrée.

129. Huart, éditeur. — Sujets historiques et costumes relatifs au règne de Louis XIII. — Le Matin. — Le Midy. — L'Après-Midy. — Le Soir. — L'Enfance. — La Jeunesse. — L'Age viril. 7 pièces.

130. Hubert (F.). — Honny soit qui mal y pense. — Honny soit qui mal y voit. 2 pièces.

131. Janinet (F.). — L'Indiscrétion. — L'Aveu difficile. 2 pièces.

132. Jazet. — Le Grenadier enterrant ses camarades. Estampe encadrée.

133. Jeaurat (Edme). — La Femme noyée, gravé

par Étienne Jeaurat en 1730. — La Couturière, gravé par Balechou en 1749. — L'Éplucheuse de salade, gravé par Beauvarlet. — L'Accouchée. — La Relevée, gravé par Lépicié en 1744. — Le Goûté, gravé par J. Balechou. — Le Fiacre, gravé par Pasquier. 7 pièces.

39 . 134. JEAURAT (d'après). — Le Carnaval des rues de Paris. — Transport des filles de joye à l'hôpital, gravé par Levasseur. — Déménagement d'un peintre. — Enlèvement de police, gravé par Duflos. — La Place des Halles. — La Place Maubert, gravé par Aliamet. — Le Citron de Javotte, gravé par Levasseur. 7 pièces.

10 . 135. LAGNIET (J.). — Suite de proverbes. 14 pièces.

39 136. LANCRET (NIC.). — L'Hiver, gravé par J. P. Lebas. — Les Troqueurs. — A Femme avare galant escroc. — Le Matin. — Le Midi. — L'Après-Dinée. — La Soirée, gravé par de Larmessin. 7 pièces.

19 . 137. LAVREINCE (N.). — L'Assemblée au concert. — L'Assemblée au salon, gravé par F. Dequevauviller. — Qu'en dit l'abbé? — Le Billet doux, gravé par Delaunay. 4 pièces.

2.50 138. LEBAS (J. P.). — Rencontre de cavalerie, l'épée à la main. — Halte des gardes suisses. 2 pièces.

14.50 139. LE BRUN (CHARLES) d'après. — Tapisseries du roi. 6 pièces in-fol.

20 . 140. LECLERC (Sébastien). — L'Académie des sciences. — Cérémonie de la prestation du serment de fidélité par le marquis de Dangeau. — La Grande Cour de l'hôtel royal des Gobelins. — Figures pour des ouvrages de géométrie. — Costumes, etc. 45 pièces.

9.50 141. MARTINI. — Vue du Salon de 1787. In-fol.

9 . 142. MERYON. — Eaux-fortes sur Paris. 1852, 15 planches in-fol.

100 . 143. MOREAU (le jeune). — Costumes et scènes de

mœurs au XVIIIe siècle, gravés par Halbou, Helman, Martini, etc., etc. 17 pièces, plusieurs avant la lettre.

144. Victor Orsel. — OEuvres diverses. 4 livraisons, 32 planches gr. in-4.

145. Passe (Crispin de). — La reine Marie de Médicis faisant faire son portrait. — Entrée de Louis XIII à Reims. — Portrait du cardinal de Richelieu, etc. 6 pièces.

146. — Manége de Pluvinel. 49 estampes remontées, in-fol. demi-rel. mar. vert.

147. Pater (J. B.). — La Courtisane amoureuse, gravé par Fillœul.

148. Penez (Georges). — Supplice de Titus Manlius. 1 pièce.
Belle épreuve. L'instrument du supplice est une guillotine.

149. Perret (P.). — La Femme entre les deux âges. *Iollain excudit.*

150. Pierre (J. B. M.). — La Savoyarde, gravé par de Larmessin.

151. Poilly (François). — Thèse soutenue par Emmanuel Théodose de la Tour, en 1661. 1 gr. pièce in-fol.

152. Rabel (J.). — Costumes de femmes. 6 pièces.

153. Saint-Aubin (Augustin de). — Mes Gens, ou les Commissionnaires ultramontains au service de qui veut les payer. — C'est ici les différents jeux des petits polissons de Paris. 13 pièces.

154. — Promenade au Palais-Royal, gravé par P. F. Courtois.

155. Saint-Aubin (Gabriel de). — Ballet dansé à l'Opéra dans le *Carnaval du Parnasse.* — La Guinguette, divertissement du Théâtre-Italien. 2 pièces gravées par F. Basan.
Belles épreuves.

156. TOSCHI. Entrée de Henri IV à Paris, d'après F. Gérard, grande estampe encadrée.

157. TOUDOUZE, architecte. — Souvenirs de voyages, eaux-fortes. Livr. 1 à 5.

158. WATTEAU (d'après). — L'Amour au Théâtre-Italien. — L'Amour au Théâtre-Français, grav. par C. N. Cochin. — Comédiens italiens, grav. par Baron. — Départ des comédiens italiens en 1697, grav. par L. Jacob. 4 pièces.

159. — Watteau et M. de Julienne au milieu d'un parc. In-fol. 1 p.

160. WILLE (Jean-Georges). — Son œuvre en 77 pièces. 1 vol. in-fol. dos et coins de mar. vert.

161. —Les Musiciens ambulants.—Les Offres réciproques. 2 pièces d'après Dietricy.
Estampes encadrées.

162. WILLE fils (P. A.). — La Mère indulgente, grav. par L. Lempereur. — Amusement du jeune âge, grav. par Chevillet. — La Bonne Amitié. 3 pièces.

163. WILLE fils (par et d'après). — Petit Vaux-hall. — L'Essai du corset. — Dédicace d'un poëme épique, grav. par Dennel. 3 pièces.

164. VLEUGHELS (le chevalier). — Le Bast, gravé par de Larmessin.

C. Estampes historiques.

165. Estampes extraites des monuments de la monarchie de Montfaucon et autres ouvrages. 48 pièces.

166. PERISSIN.— Le Tournoy où le roy Henry II fut blessé ; Mort du roy Henry II; Assasssinat du duc de Guise par Poltrot. — Assassinat de Henri IV par J. Chastel. — Le Tombeau du roi Henri le Grand, etc. 10 pièces.

167. CHATILLON. — *Carosel fait à la place royalle à Paris le V, VI, VII avril M. DC. XII.* 1 pièce.

168. Assassinat du maréchal d'Ancre. — Fête don- *37.*
née sur la place Royale à l'occasion du mariage
de Louis XIII. — Soumission de la ville de la Rochelle. *J. Leclerc excud*, etc. 10 pièces.

169. Les Appartements du roi. — Louis XIV jouant *79.*
au billard, etc. 3 pièces grav. par Trouvain. — Le
Passage du Rhin, d'après Van der Meulen. — Ré-
fectoire des soldats de l'hôtel des Invalides, etc.
22 pièces gravées par Trouvain et autres.

170. Mellan (Claude). — Les Échevins de la ville *31.*
de Paris aux pieds de Louis XIV. — Le P. Yves,
capucin. 2 pièces.

171. Entrée du roi à Paris en 1660, par le Pautre *21.*
et J. Marot. 15 pièces.

172. Guérard (N.). — Inauguration de la statue de *14.*
Louis XIV sur la place des Victoires, le 28 mars
1686.
Belle épreuve.

173. Batailles, siéges de villes, etc., grav. par Ro- *9.*
main de Hooge, N. Cochin, etc. 18 pièces.

174. Hooge (Romain de). — Prise de Audenarde. *4.*
— Festes triomphales que Paris fit à Alexandre
Farnèse, etc. 5 pièces.

175. Almanach de 1700, avec la vue du salon de *25.*
1699. Estampe en 2 planches.

176. Règne de Louis XV. 13 pièces. *25.*

177. Louis XV tenant son premier lit de justice, *74.*
grav. par Poilly. — Louis XV enfant, dans le jardin des Tuileries. — Le même, entouré de sa cour.
— Audience donnée à Mehemet-Effendy, etc. 10
pièces.

178. Cochin (N.). — La Procession de la châsse de *10.*
saint Germain. 1 pièce.

179. Louis XVI et la révolution. 48 pièces. *31.*

180. Desfossés, officier au corps d'artillerie. — La *10.50*

Reine annonçant à Mme de Bellegarde des juges et la liberté de son mari, gravé en 1779 par Ant. Jean Duclos.

181. Almanach pour l'année 1787. in-fol. en 2 planches.

182. Estampes historiques sur la révolution. 120 pièces en 1 vol. gr. in-fol. demi-rel. mar. v.

Recueil fort curieux et comprenant des pièces fort rares.

183. République, Empire, Restauration. Caricatures, portraits, et estampes historiques. 69 pièces gr. in-4, demi-rel. mar. r.

184. Recueil de mausolées et de pompes funèbres. 1 vol. in-fol. dos et coins de mar. violet.

43 pièces, dont : Appareil funèbre pour le service de Louis de Bourbon, prince de Condé. — Mausolée pour la cérémonie funèbre de Louis de Bourbon, duc de Bourgogne. 1713. — Pompe funèbre de Marie-Thérèse d'Espagne, dauphine de France, par Cochin. — Pompe funèbre de Philippe de France, roi d'Espagne, par le même, etc.

185. Recueil de fêtes et cérémonies. 1 vol. in-fol. dos et coins de mar. vert. 42 pièces.

186. Mausolée du vicomte de Turenne. 14 planches, d'après les dessins de Chale, in-fol. demi-rel. mar. bleu.

D. Portraits.

187. Portraits des personnages français les plus illustres du XVIe siècle, reproduits, en fac-simile, sur les originaux dessinés au crayon de couleur par divers artistes contemporains, recueil publié avec notices, par P. G. J. Niel. *Paris, Lenoir*, 44 pl. en couleur. 1 vol. in-fol. demi-rel. et 4 livr.

188. Galerie des maréchaux de France, par Gavard. *Paris*, 1839, 42 portr. in-8, m. r.

189. Portraits tirés de la galerie française. 8 pièces.

190. Galerie française des femmes célèbres. Portraits en pied, par Lanté et Gatine. *Paris*, 1827, in-fol. dos et coins de mar. r.

191. Portraits de personnages français des XVIIe
et XVIIIe siècles. 1 vol. in-fol. dos et coins de
mar. vert. 43 pièces.

Anne d'Autriche, par Larmessin, 1663. — Louis XV, gravé par Au-
dran d'après Gobert. — Philippe, duc d'Anjou, Louis, duc de Bourgogne,
Charles, duc de Berry, Colbert, Ch. d'Hozier, grav. par Édelinck, épreu-
ves de la Calchographie. — Potier, duc de Tresmes, par Poilly. — Louis
Phelippeaux, comte de Saint-Florentin, par J. G. Wille. — Élisabeth-
Charlotte, Palatine, duchesse d'Orléans, grav. par Simonneau. — L'abbé
Bignon, par Drevet, 1707, etc.

192. Portraits de peintres, sculpteurs et graveurs.
1 vol. in-fol., demi-rel. mar. v. 61 pièces.

193. Portraits divers. 116 pièces.

Cet article sera divisé.

194. Portraits divers, 82 pièces. 1 vol. in-fol. demi-
rel. mar. vert.

Rois et reines d'Angleterre, et autres personnages du même pays, gravés d'après Vander Werff, par Vermeulen, P. à Gunst. — Peintres et
sculpteurs français, etc.

195. Portraits divers. 12 pièces. In-fol.

196. Fr. Bignon. — Portraits d'après Z. Heince,
pour la galerie du palais du cardinal de Richelieu
(Gaston de Foix, B. du Guesclin, Clisson, J. Bou-
cicaut, Ch. de Cossé, L. de la Trémouille, Anne
de Montmorency, Fr. duc de Guise, Henri IV;
Marie de Médicis, Lesdiguières, Louis XIII, P. Séguier). 13 pièces.

197. Daret. — Portrait de Louis XIV. In-fol.

198. Drevet, Audouin et Bervic. — Louis XIV,
Louis XVI et Louis XVIII. 3 pièces.

199. Drevet (P.). — Adrienne Lecouvreur, d'après
Ch. Coypel.

200. Duflos (Claude). — Cinq portraits de la famille de Gondi.

201. Dyck (Antoine Van) et Jean Livens. — Anto-
nius de Tassis, gravé par I. Neeffs. — Ioannes de
Montfort, gravé par P. de Iode. — Ambrosius
Spinola, gravé par L. Vorsterman. — Emmanuel

Frockas, gravé par P. Pontius. — Daniel Segers,
gravé d'après Livens. 5 pièces.

202. EDELINCK (Gérard). — Portrait de Crispin.

203. EDELINCK (Gérard). — René Descartes (R. D.
181. 1er état). — Jean Rouillé (R. D. 273). —
Louis, duc de Bourgogne (R. D. 158. 2e état). —
Charles, duc de Berry (R. D. 147.). — Philippe,
duc d'Anjou (R. D. 294.). — Ch. M. Letellier
(R. D. 245. 2e état). 6 pièces.

204. EDELINCK (Gérard). — G.-F. marquis de L'Hôpital (R. D. 246.). — Abr. de Fabert (R. D. 199.).
— Roger de Rabutin (R. D. 162.). — J. B. San-
teul (R. D. 312.). — P. Phelippeau, seigneur de
Pontchartrain (R. D. 300. 3e état). F. H. de Montmorency (R. D. 263.). — G. de Lamoignon (R. D.
233.). 7 pièces.

204 *bis*. — Nic. Verien (R. D. 385, 3e état). Paul Tallemant (R. D. 324. 2e état). — J. B. Bossuet (R.
D. 156. 1er état). — Ferdinand, évêque de Pader-
born (R. D. 203. 3e état). — M. de Lamoignon
(R. D. 234. 1er état). — Vincent Bertin (R. D. 149.
3e état). — Ant. Arnauld (R. D. 141.). 7 pièces.

205. FICQUET (Étienne). — Montaigne, d'après Du-
monstier. — P. Corneille, d'après Ch. Lebrun.
— La Fontaine, d'après Rigault. — Voltaire,
d'après La Tour. 4 pièces. Anciennes épreuves.

205 *bis*. GIRARD (F.), d'après François Gérard.
Louis XVIII assis dans son cabinet. 1 pièce. In-fol.

206. HENRIQUET-DUPONT. 1845. — Henri de Bourbon, roi de Navarre, d'après un dessin du temps,
appartenant à M. Hennin.

207. LARMESSIN (Nic. de). — Mazarin, Louis XIV.
— Madame de la Vallière, etc. 9 portraits.

208. LASNE (Michel). — Portrait de François Ques-
nel. — Coridon. — Sylvie. — Portrait de Marie
de Médicis, etc. 9 pièces.

209. Leblond (Chez). — Le portrait de Jean-Robert Crieur de A. 6. Dv. 1 pièce.

210. Leu (Thomas de). — Henri IV, d'après Bunel. — Henri IV en pied. — Catherine de Médicis. — Henri IV en buste dans un ovale. 3 pièces.

211. Lubin (J.). — Le maréchal d'Humières, 1688. — Le président Jeannin. — Turenne. — Pierre Séguier. 4 pièces.

212. Muller (J. G.). — Louis XV, d'après Duplessis. 1 pièce. In-fol.

213. Nanteuil (Robert). — Loménie de Brienne (R. D. 148. 1er état). — Hardouin de Péréfixe (R. D. 212. 3e état). 2 pièces.

213 bis. — Mazarin (R. D. 178.). — Jacques, marquis de Castelnau (R. D. 58.). — Guillaume de Lamoignon (R. D. 119. 2e état). — Nic. Fouquet (R. D. 97.). — Henri d'Orléans, duc de Longueville (R. D. 149). 5 pièces.

213 ter. — Alexandre de Sève (R. D. 82.). — Condé (R. D. 79.). — Michel Letellier (R. D. 129. 1er état). — Louis Phélippeaux de La Vrillière (R. D. 123, 3e état). — Potier de Novion (R. D. 207. 2e état). 5 p.

214. — J. B. Colbert (R. D. 72. 1er état). — H. de la Tour d'Auvergne, vicomte de Turenne (R. D. 232. 4e état). — Lamothe le Vayer (R. D. 143. 2e état). — Pierre Poncet (R. D. 215. 3e état). — Jean Loret (R. D. 150. 3e état). — François de Nesmond (R. D. 202. 2e état). 6 p.

214 bis. — Louise Marie, Reine de Pologne (R. D. 164. 2e état). — Christine de Suède (R. D. 67. 3e état). — Jean Fronteau (R. D. 99. 1er état). — Voiture (R. D. 234.). — Antoine Lepautre (R. D. 127. 2e état), etc. 7 pièces.

215. Schmidt (G. F.). — Pierre Fr. Guyot Desfontaines, d'après Tocqué. — Ninon de Lenclos, d'après Ferdinand. 2 pièces.

216. SCHUPPEN (P. Van). — Philippe de Gueldres. 1686. — Louis de Pontis. 1678. 2 pièces.

216 *bis.* — Louis XIV, d'après Mignard. 1662. — Hier. Bignon. 1695. 2 pièces.

216 *ter.* — Pierre de Marca. 1663. — Bern. de Foix de Lavalette, duc d'Épernon. 1661. 2 pièces.

217. — Louis François Le Fèvre de Caumartin. 1685.

217 *bis.* — Jean Baptiste Christyn. 1700.

218. VANGELISTY. — Le comte de Vergennes. — Épreuve avant la lettre.

E. Costumes.

218 *bis.* Costumes des anciens peuples, à l'usage des artistes, par Dandré Bardon, nouvelle édition, rédigée par Cochin. *Paris, Al. Jombert,* 1784, 4 tom. en 2 vol. in-4, fig. v. rac.

219. P. B. Les Métiers ambulants et les Cris de Paris. *Jacq. Honeruogt excud.* (Vers 1620). 39 pièces.

220. Recueil de costumes gravés ou publiés par Bonnard, Trouvain, etc. 2 vol. in-fol. demi-rel. mar. bl.

Recueil rare contenant les portraits de Louis XIV, des princes et princesses de sa famille, des seigneurs et des dames de la cour, et de divers princes étrangers. En tout 176 pièces remontées.

221. Recueil de costumes, gravés ou publiés par Bonnard, Trouvain, Jean de Saint-Jean, Mariette, etc. 3 vol. in-fol. demi-rel. mar. vert.

Recueil contenant des costumes d'hommes et de dames de qualité, connus sous les noms de *Messieurs* et *Mesdames à-la-mode.* Il s'y trouve aussi les costumes de quelques marchands et artisans des rues de Paris, en tout 260 pièces remontées. Quelques-unes sont coloriées.

222. Costumes de théâtre, par Bonnard et autres. Acteurs de l'Opéra et du Théâtre Italien. 40 pièces. Pet. in-fol. demi-rel. mar. bl.

223. Costumes de Paris. (Époque de Louis XVI.) 90 figures en couleur. In-8. demi-rel. mar. bl.

224. Suite de costumes. (Règne de Louis XVI.) 61
pièces, par Leclère, Desrais, Saint-Aubin, etc. In-
fol. demi-rel. mar. bl.

225. Costumes militaires de l'époque de Louis XVI.
61 pièces coloriées. In-4, demi-rel. mar. bl.

226. Collection des uniformes de l'armée française,
de 1791 à 1814, dessinés par H. Vernet et Eug.
Lamy. *Paris, Gide*, 1822, gr. in-8, pap. vél. fig.
col. demi-rel. m.

227. Galerie armoricaine, costumes et vues pitto-
resques de la Bretagne, dessinés par H. Lalaisse et
F. Benoist, avec texte par Lemeder : Morbihan et
Finistère. *Nantes*, 1848, 2 vol. pet. in-fol. fig.
lith. en coul. demi-rel. mar. bl.

F. Topographie.

(Voir à l'histoire de Paris, nᵒˢ 457-610.)

G. Recueils de gravures et de lithographies.

228. Galeries historiques de Versailles (avec un
texte explicatif des peintures et des sculptures).
Paris, Gavard, 1838 et années suivantes, 10 vol.
pet. in-fol. en feuilles.

228 *bis*. Estampes diverses. 47 pièces.
Cet article sera divisé.

229. Charges et têtes burlesques (vers 1750). 30
pièces.

230. Scènes de mœurs. 17 pièces.

231. Trente-trois estampes représentant les différents
exercices pour le maniement des armes, par Aveline, Baudouin, Huquier, Eisen, Gravelot, etc.

232. Suite de 21 pièces représentant des soldats
dans différentes attitudes. (Règne de Louis XIII.)

233. VOLTAIRE (pièces relatives à). — Le Lever du

philosophe de Ferney. — Le Déjeuné de Ferney, grav. par Née.—Hommages rendus à Voltaire sur le Théâtre-Français, grav. par Gaucher.—Portrait de Voltaire, grav. par Joseph Lante, etc. 10 pièces.

234. Portefeuille du comte de Forbin, contenant ses dessins, tableaux et esquisses les plus remarquables, avec un texte rédigé par le comte de Marcellus. *Paris, Challamel,* 1843, in-4, fig. lith. demi-rel. mar. bl.

235. Lithographies d'après Prud'hon. Eaux-fortes par Jacques, Marvy, Aubry-Lecomte, etc. 5o pièces. 1 vol. in-fol. demi-rel. mar. rouge.

236. Mœurs parisiennes, caricatures (politiques et autres), de 1815 à 185o, par Philippon, Traviés, Pigale, H. Bellangé et autres. Environ 200 fig. noires et coloriées, 2 vol. in-4, demi-rel. mar. bl.

237. Messieurs les Cosaques, par Delord, Carraguel et Huart, avec 100 vignettes par Cham. *Paris, Lecou,* 1824, in-12, demi-rel. m. r.

238. Paris au XIX° siècle, recueil de scènes de la vie parisienne, dessinées d'après nature, par V. Adam, Gavarni, Daumier, etc. Avec un texte explicatif, par A. Second, Burat de Curcy... *Paris,* 1841, in-4, demi-rel.

239. OEuvres choisies de Gavarni. Études de mœurs contemporaines. *Paris, Hetzel,* 1846, gr-in-8, fig. demi-rel. m. br.

240. CHAM. — Salmigondis. — Paris l'été. — Croquis d'automne. — Croquis de printemps. — Les Vacances. — La Bourse illustrée. — Macédoine, etc. *Paris,* 1852, in-4, demi-rel. mar. r.

241. Album de Cham.—Proudhoniana. — Coups de crayon. — Folies du jour. — La Banque de Proudhon.—Proudhon en voyage.—Revue comique de l'Exposition de l'industrie. — Les Représentants en vacances. — Variétés drôlatiques. — Soulouque et sa cour.—L'Exposition de Londres. — Les

Chasseurs, etc., etc. *Paris*, 1849-1851, 2 vol. in-4,
demi-rel. mar. r.

3. *Architecture.*

242. Dictionnaire de l'architecture du moyen âge,
par Adolphe Berty. *Paris, Derache*, 1845, in-8,
demi-rel. v.

243. Restitution du temple d'Empédocle à Sélinonte,
ou l'architecture polychrome chez les Grecs, par J.
J. Hittorf. *Paris, Firmin Didot frères*, 1851, in-4,
demi-rel. m. v. et atlas gr. in-fol. 24 pl. en couleur,
demi-rel. m. r.

On a relié à la suite de l'Atlas : *Le Parthénon, documents pour servir
à une restauration...* 31 planches noires et en couleur.

244. Catacombes de Rome. Architecture, peintures
murales, inscriptions, figures et symboles des
pierres sépulcrales, etc., des cimetières des premiers chrétiens, par Louis Perret. *Paris, Gide
et Baudry*, 1852, gr. in-fol. livr. 1 à 65, fig. en couleur.

245. Devis, conditions, prix et adjudications des
ouvrages de maçonnerie, charpenterie, menuise-
rie, serrurerie, vitrerie, peinture, etc., pour les
entretiens, réparations et changements qu'il con-
viendra faire dans les bâtiments, châteaux et maisons appartenant au roi, faits et dressés par
M. Gabriel, architecte. *Paris, Collombat*, 1754,
in-fol. v. m.

BELLES-LETTRES.

LINGUISTIQUE. — RHÉTORIQUE.

246. Manuel d'orthographe raisonnée en 60 leçons par Firmin Danné. *Paris*, 1853, in-4, demi-rel. v. f.

247. L'Éclaircissement de la langue française, par Jean Palsgrave, suivi de la grammaire de Giles du Gué, publiés par F. Génin. *Paris, imprimerie nationale*, 1852, in-4, cart.

248. Glossaire de la langue romane, par J. B. Roquefort. *Paris, Warée*, 1808-1820, 3 vol. in-8, demi-rel.

249. Oraisons funèbres de Bosssuet, avec des notes de tous les commentateurs. *Paris, Lefèvre*, 1825, gr. in-8, pap. vél. fig. demi-rel. v. bl. n. rogn.

250. Oraisons funèbres de Fléchier, suivies des oraisons funèbres de Turenne, par Mascaron ; du prince de Condé, par Bourdaloue. *Paris, Lefèvre*, 1826, gr. in-8, pap. vél. fig. demi-rel. mar. v. n. rog.

251. Études sur les orateurs parlementaires, par Timon (M. Cormenin), 3e édition. *Paris, Pagnerre*, 1838, in-32, br. portr.

POÉSIE.

Poëtes français, etc.

252. Fabliaux et contes des poëtes français des XIe, XIIe, XIIIe, XIVe, XVe, siècles, publiés par Barba-

zan. Nouvelle édition, augmentée par Meon. *Paris,
Warée*, 1808, 4 vol. in-8, fig. demi-rel. mar. r.

253. Fabliaux et contes du XIIe et du XIIIe siècle,
traduits ou extraits par Legrand d'Aussy, 3e édition. *Paris, Renouard*, 1829, 5 vol. in-8, pap. vél.
fig. de Moreau et Desenne, demi-rel. mar. bl.

254. Partonopeus de Blois, publié pour la première
fois d'après le manuscrit de la bibliothèque de
l'Arsenal, par Crapelet. *Paris, Crapelet*, 1834, 2
vol. gr. in-8, pap. vél. demi-rel. mar. r. n. rog.

255. L'Histoire du châtelain de Coucy et de la dame
de Fayel, publiée d'après le manuscrit de la Bibliothèque du roi et mise en français par Crapelet,
Paris, Crapelet, 1829, gr. in-8, pap. vél. demi-rel.
mar. bl. n. rog.

256. OEuvres complètes de Rutebeuf, trouvère du
XIIIe siècle, recueillies par Achille Jubinal. *Paris,*
1839, 2 vol. in-8, demi-rel. mar. bl.

257. Poésies morales et historiques d'Eustache Des-
champs, publiées pour la première fois d'après le
manuscrit de la Bibliothèque du roi, par Crapelet. *Paris*, 1832, gr. in-8, pap. vél. demi-rel. mar.
r. n. rog.

258. Le Vergier dhonneur, nouvellement imprimé
a Paris. — De lentreprise et voyage de Napples.
Auquel est compris commant le roy Charles hui-
tiesme de ce nom a banyere desployee, passa et ra-
passa de journee en journee depuis Lyon jusques
Napples et de Napples jusques a Lyon. Ensemble
a plusieurs aultres choses faictes et composees par
reverend pere en Dieu, monseigneur Octovien de
Sainct Gelais, evesque dangolesme et par maistre
Andry de la Vigne. *Sans indication de lieu ni de
date*, pet. in-fol. goth. fig. sur bois, v. m. (*Aux
armes du comte de Toulouse.*)

Belle et rare édition, la première de ce livre. L'exemplaire est grand
de marges et parfaitement conservé.

259. Les Mots et sentences dorées du maistre de saigesse Caton en françois et latin (par P. Grosne). Avecques bons enseignements, proverbes, adages et ditz moraulx des saiges... *On les vend à Paris* (*s. d.*), pet. in-8, goth. v. éc. tr. dor.

Le titre est manuscrit. Cette édition est celle de la veuve Jean Bonfons, sans date.

260. Livre d'amour, ou Folastreries du vieux temps. *Paris, Janet* (*s. d.*), in-18, fig. br.

261. Les OEuvres de P. de Ronsard, contenant les Amours. *Paris, Henault*, 1629, in-12, v. br.

262. Bassus. Premier livre (livres I à XXIV) de chansons composé à 4 parties (par Adrien Leroy, Arcadet, Certon, Jannequin, Goudimel, Orlande de Lassus, Ph. de Monté, Bertrand, etc.) *Paris, A. Leroy et R. Ballard*, 1573-1583, 24 parties en 1 vol. pet. in-8, obl. musique, v. br.

263. Les OEuvres de M. Regnier, contenant ses satyres et autres pièces de poésie. *Amsterdam, Roger*, 1710, in-8, v. f.

264. OEuvres choisies de Malherbe avec des notes, édition publiée par P. Parrelle. *Paris, Lefèvre*, 1825, 2 vol. gr. in-8, pap. vél. portr. demi-rel. m. r. n. rog.

265. OEuvres de la Fontaine, nouvelle édition, par Walckenaer. *Paris, Lefèvre*, 1827, 6 vol. gr. in-8, pap. vél. fig. demi-rel. mar. bl. n. rog.

266. OEuvres de Boileau, avec un nouveau commentaire, par Amar. *Paris, Lefèvre*, 1824, 4 vol. gr. in-8, pap. vél. portr. demi-rel. cuir de Russie, n. rog.

267. Recueil de chansons. Tome 2, in-4, mar. r. tr. dor. (*Rel. anc.*)

Manuscrit du dix-septième siècle. C'est un recueil de chansons satiriques, la plupart sur des personnages de la cour de Louis XIV. Quelques-unes de ces chansons sont de la main de mademoiselle de la Force.

268. Le Faut mourir, par Jaques Jaques, augmenté de l'Avocat nouvellement marié. Le tout en vers burlesques. *Lyon*, 1712, in-12, v. br. front. gr.

269. Œuvres poétiques de J. B. Rousseau, avec un commentaire par Amar. *Paris, Lefèvre*, 1824, 2 vol. gr. in-8, pap. vél. portr. demi-rel. mar. bl. n. r.

270. La Pucelle d'Orléans, poëme en vingt chants (par Voltaire). (*S. l.*), 1762, in-8, fig. mar. r. t. d.

271. Choix de chansons mises en musique, par de la Borde. *Paris, de Lormel*, 1773, 4 vol. gr. in-8, fig. de Moreau, v. éc. fil. tr. dor.

272. OEuvres choisies de Lebrun, précédées d'une notice sur sa vie et ses ouvrages, par M. D. *Paris*, 1829, in-8, pap. vél. portr. demi-rel. mar. r. n. rog.

273. OEuvres choisies de Parny. *Paris, Lefèvre*, 1827, gr. in-8, pap. vél. portr. demi-rel. mar. r. n. rog.

274. Poésie de l'empire français, par Louis Belmontet. *Paris, Imprimerie impériale*, 1853, in-8, br.

275. Chansons de P. J. de Béranger. *Paris, Perrotin*, 1829, 4 vol. in-18, fig. v. bl. fil.

276. Musique des chansons de P. J. de Béranger, contenant les airs anciens et modernes les plus usités. *Paris, Perrotin*, 1847, in-8, demi-rel. mar. bl.

277. Noei borguignon de Gui Barozai, 5ᵉ édit. (par La Monnoie). *Au Bregogne*, 1738, in-8, v. m.

278. Histoire macaronique de Merlin Coccaie. *Paris*, 1606, 2 v. in-12, v. br.

279. OEuvres de lord Byron (trad. par A. Pichot). *Paris, Ladvocat*, 1822, 8 vol. in-8, fig. demi-rel. v. f.

POÉSIE DRAMATIQUE.

280. Bibliothèque du Théâtre-François depuis son origine (par le duc de la Vallière). *Dresde, Groell,* 1768, 3 vol. in-8, v. éc.

281. Mystères inédits du XVe siècle, publiés pour la première fois, par A. Jubinal. *Paris,* 1837, 2 vol. in-8, fig. demi-rel. mar. bl.

282. La Comédie des tromperies, finesses et subtilitez de Maistre Pierre Patelin. *Rouen, G. Cailloué,* 1656, pet. in-12, demi-rel. v.

283. OEuvres de P. Corneille, avec les notes de tous les commentateurs, publiées par Parelle. *Paris, Lefèvre,* 1824, 12 vol. in-8, gr. pap. vél. portr. demi-rel. v. v.

284. OEuvres complètes de Molière, avec les notes de tous les commentateurs, édition publiée par Aimé Martin. *Paris, Lefèvre,* 1824, 8 vol. gr. in-8, pap. vél. fig. demi-rel. m. r. n. rog.

285. OEuvres complètes de J. Racine, avec les notes de tous les commentateurs, édition publiée par Aimé Martin. *Paris, Lefèvre,* 1825, 7 vol. gr. in-8, pap. vél. fig. de Moreau, demi-rel. mar. v. n. rog.

286. OEuvres de Crébillon, avec les notes de tous les commentateurs, édition publiée par Parelle. *Paris, Lefèvre,* 1828, 2 vol. gr. in-8, pap. vél. demi-rel. v. br, n. rog.

ROMANS ET CONTES.

287. Les Métamorphoses, ou l'Asne d'or de L. Apulée, philosophe platonique, œuvre d'excellente invention et singulière doctrine. *Paris, chez Nicolas et Jean de la Coste,* 1648, in-8, fig. bas.

288. Les Pieuses Récréations du R. P. Angelin Ga-

zée, de la compagnie de Jésus, mises en françois par le sieur Remy. *Rouen, veuve du Bosc, 1647,* in-12, v. f. tr. dor.

289. LHISTOIRE DU SAINT GREAAL qui est le premier livre de la Table ronde..., Ensemble la queste du dict saint Greaal, faicte par Lancelot, Galaad, Boors et Perceval, qui est le dernier livre de la Table ronde. *Cy fine le derrenier volume de la queste du sainct Greaal... Nouvellement imprime a Paris, par Jehan Petit, Galiot du Pre et Michel Lenoir, le xxve jour de septembre mil cinq cens et seize,* 2 tom. en 1 vol. in-fol. goth. à 2 col. fig. sur bois, v. br. — 120

Édition rare, la première de ce roman. Il manque à cet exemplaire les quatre premiers feuillets, contenant le titre, le privilége et la table des chapitres du premier volume.

290. TRES PLAISANTE ET RECREATIVE HYSTOIRE DE TRES PREULX ET VAILLANT CHEVALIER PERCEVAL LE GALLOYS, jadis chevalier de la Table ronde, lequel acheva les adventures du sainct Graal. *On les vend au pallais, en la boutique de Jehan Longis, Jehan Sainct Denis et Galliot du Pre.* (A la fin) : *Et fut acheve de imprimer le premier jour de septembre, lan mil cinq cens trente.* In-fol. goth. à deux colonnes, fig. sur bois, v. f. fil. — 650

Édition fort rare, et la seule qui existe de ce roman. Bel exemplaire, en tête duquel se trouvent les quatre feuillets intitulés *Élucidation de l'histoire du Graal,* qui manquent presque toujours.

291. LA MELUSINE (par Jean d'Arras). *Cy finist lhistoire de Melusine, imprimee a Lyon par maistre Mathieu Hus, imprimeur.* (S. d.), pet. in-fol. goth. à longues lignes, 128 ff. non chiffrés, avec fig. sur bois. v. f. (*Aux armes du comte de Toulouse.*) — 155

Édition précieuse et rare, imprimée de 1485 à 1490. Elle est ornée de 64 belles et curieuses figures sur bois. L'exemplaire, assez grand de marges, est bien conservé, sauf quelques légères piqûres de vers dans la marge de côté. Un magnifique exemplaire de ce livre a été vendu 1999 fr. chez le prince d'Essling.

292. L'Ariane de monsieur des Marets. *Paris,* — 20

M. Guillemot, 1639, in-4, fig. de Vignon, grav.
par Ab. Bosse, dem.-rel. v. f.

293. Les Amours de madame d'Elbeuf, nouvelle
historique, contenant plusieurs anecdotes du
cardinal de Richelieu. *A Amsterdam, chez Wes-
tein et Smith*, 1739, in-8, demi-rel.

294. Aventures de Télémaque, par Fénelon. *Paris,
Lefèvre*, 1824, 2 vol. gr. in-8, pap. vél. demi-rel.
v. r. n. rog.

295. Les Libertins en campagne, mémoires tirés du
Père de la Joie. *Au quartier Royal*, 1710, in-12,
v. br.

296. Histoire de Gil Blas de Santillane, par le Sage.
Paris, le Fèvre, 1825, 3 vol. gr. in-8, pap. vél.
demi-rel. mar. bl. n. rog.

297. Vie voluptueuse entre les capucins et les non-
nes, par la confession d'un frère de l'ordre. *A Cologne, chez Pierre le Sincère*, 1774, in-12, v. f.

298. Ourika (par la duchesse de Duras). *Paris*,
1824, in-12, br. (*Première édition.*)

299. Les Derniers des Beaumanoir, par M. Kératry.
Paris, Gosselin, 1843, in-12, demi-rel. m. bl.

300. Jakaré-Ouassou, ou les Tupinambas, chronique brésilienne, par D. Gavet et P. Boucher. *Paris*, 1830, in-8, demi-rel. v. bl.

301. Notre-Dame de Paris, par Victor Hugo. *Paris*,
1832, 3 vol. in-8, demi-rel. v. r.

302. Jérôme Paturot à la recherche d'une position
sociale, par Louis Reybaud. Édit. illustrée par
Grandville. *Paris, Dubochet*, 1846, gr. in-8, demi-
rel. m. r.

303. Les Cent Nouvelles nouvelles. *La Haye, Gosse
et Neaulme*, 1733, 2 vol. in-12, v. f. tr. d. (*Simier.*)

304. Les Contes ou les Nouvelles Récréations et

joyeux devis de Bonaventure des Périers, avec notes de la Monnoye. *Amsterdam, Châtelain*, 1735, 3 vol. in-12, rel. en 2, v. f.

A la suite : Cymbalum mundi, ou Dialogues satyriques sur différents sujets, par Bonaventure des Périers, avec une lettre par Prosper Marchand. *Amsterdam, P. Marchand*, 1732, fig.

305. Contes et nouvelles de Marguerite de Valois, reine de Navarre. *Amsterdam, Gallet*, 1708, 2 tom. en 1 vol. pet. in-8, v. f. tr. dor. fig. de Harrewyn.

306. Les Cent Contes drôlatiques, par le sieur de Balzac, premier dixain. *Paris*, 1832, in-8, cart.

307. Dialogue très-elegant, intitule le Peregrin, traictant de l'honneste et pudique amour... traduict de vulgaire italien (de J. Caviceo) en langue françoise, par maistre François Dassy, conterouleur des briz de la marine en Bretaigne. *Nouvellement imprime à Paris par Nicolas Couteau, pour Galliot du Pre... lan mil cinq cens vingt et sept*, in-4, goth. fig. sur bois, v. f. fil. (*Aux armes du comte de Toulouse.*)

Première édition de cette traduction. L'ouvrage italien est dédié à Lucrèce Borgia, duchesse de Ferrare. Exemplaire grand de marges et bien conservé, malgré une piqûre de vers en tête du volume.

308. Contes et nouvelles de Bocace, avec les fig. de Romain de Hooge. *Cologne, Gaillard*, 1732, 2 v. in-12.

309. Le Vicaire de Wakefied, par Goldsmith, traduit en français, avec le texte anglais en regard, par Ch. Nodier. *Paris*, 1838, in-8, fig. dem.-rel. mar. v.

310. OEuvres de Walter Scott, traduites par A. de Montemont. *Paris, Ménard*, 1837-1838, 30 vol. in-8, demi-rel. v. f.

311. La Cabane de l'oncle Tom ou les Noirs en Amérique, par mistress Beecher Stowe, traduction par Léon de Wailly et Edmond Texier. *Paris, Perrotin*, 1853, in-8, demi-rel. mar. v.

FACÉTIES.

312. OEuvrès de Fr. Rabelais. (Publ. par de L'Aulnaye.) *Paris, L. Janet*, 1823, 3 vol. in-8, fig. ajoutées, demi-rel. v. br.

313. Discours d'aucuns propos rustiques, facétieux et de singulière récréation, ou les Ruses et finesses de Ragot, capitaine des gueux, etc., par Noël du Fail. 1732, pet. in-12, v. f. tr. dor. (*Simier.*)

314. Les Bigarrures du seigneur des Accords (par E. Tabourot). *Paris, Jean Richer*, 1584, in-12, demi-rel.

315. Procez et amples examinations sur la vie de Caresme-Prenant, *Paris*, 1605. — Traicté de mariage entre Julian Péoger dit Janicot et Jacqueline Papinet. *Lyon*, 1611. — La copie d'un bail et ferme faicte par une jeune dame.., *Paris*, 1609. — La Source du gros f....., des nourrices et la raison pourquoi, etc. 4 pièces en 1 vol. in-12, mar. bl. doré en tête. (*Koehler.*)

316. Le Moyen de parvenir (par Beroalde de Verville). *S. l. (Paris)*, 1757, 2 vol. in-12, front. gr. v. br.

317. Le Moyen de parvenir. 1773, in-12, 2 tom. en 1 vol. dos et coins de v. f.

318. Les Débats et facétieuses rencontres de Gringalet et de Guillot Gorgeu son maistre. *Troyes, Jean Oudot*, 1687, pet. in-12, v. br.

319. Réception d'un illustre et vénérable maistre savetier, carleur, réparateur de la chaussure humaine. *Rouen, Fr. Oürsel, s. d.* in-12, demi-rel.

320. Éloge des paysans aux paysans (par Coquelet). *Paris, P. Morisset*, 1731, pet. in-12, cart.

321. Les Arrets d'Amours, avec l'Amant rendu cordelier, par Martial d'Auvergne, dernière édition

avec Glossaire. *Amsterdam, Changuion,* 1731, in-
12, v. m.

322. Morale galante ou l'Art de bien aimer. *Paris,*
1669, in-12, demi-rel. m. citr.

323. La noble Naissance des femmes et leurs ver-
tus héroïques, mis au jour par M. de la V***, où
il fait voir que la femme est plus noble que
l'homme. *Paris,* 1699, in-12, v. br.

PHILOLOGIE. — ÉPISTOLAIRES

324. Il Corriero svagliato. L'Anima di Ferrante Pal-
lavicino, et autres pièces. *In Villafranca,* 1671, in-
12, v. f. fil. tr. d.

325. Proverbes et dictons populaires, avec les dits
du mercier et des marchands, et les crieries de
Paris, aux XIIIe et XIVe siècles, par Crapelet.
Paris, 1831, gr. in-8, pap. vél. demi-rel. mar. cit.

326. L'Art des emblemes où s'enseigne la morale
par les figures de la Fable, de l'histoire et de la
nature, Ouvrage rempli de près de 500 figures,
par le P. C. F. Menestrier. *Paris, de Lacaille,* 1684,
in-8, v. f.

327. Horatii Flacci Emblemata imaginibus in æs
incisis, notisque illustrata, studio Othonis Vœnii.
Antuerpiæ Verdussen, 1607, in-4, fig. v. br.

328. Lettres héroïques aux princes du sang, aux
grands de l'Estat et aux illustres du siècle, par
le sieur de Rangouze. *Paris,* 1646, in-8, v. m. tr.
d. (*Aux armes de Louis XIV.*)

329. Lettres de madame de Sévigné, de sa famille et
de ses amis (publ. par M. de Monmerqué). *Paris,*
Blaise, 1818. — Mémoires de M. de Coulanges,
publ. par le même. *Paris,* 1820. — Collection de
vingt portraits du siècle de Louis XIV. Ensemble
12 vol. in-8, avec quelques portraits ajoutés, demi-
rel. v. br.

330. Correspondance inédite de Voltaire avec P. M. Hennin. *Paris, Merlin*, 1825, in-8, demi-rel. v. bl.

331. Les Lettres de François Rabelais, escrites pendant son voyage d'Italie. *Brusselles, Fr. Foppens*, 1710, in-8, portr. demi-rel. v. f.

POLYGRAPHES.

332. OEuvres choisies du roi René, avec une biographie et des notices, par le comte de Quatre-barbes. *Angers*, 1845, 2 vol. gr. in-4, fig. br.

333. OEuvres diverses de Fénelon. *Paris, Lefèvre*, 1824, in-8, pap. vél. demi-rel. v. r. n. n. rogn.

On y a ajouté un portrait de Fénelon gravé par Ficquet.

334. OEuvres de Montesquieu. *Paris, Belin*, 1817, 2 vol. in-8, demi-rel. v.

335. OEuvres de Montesquieu avec les notes de tous les commentateurs, édition publiée par L. Parrelle. *Paris, Lefèvre*, 1826, 8 vol. gr. in-8, pap. vél. portr. demi-rel. mar. bl. n. rogn.

336. OEuvres complètes de M. de Saint-Foix. *Paris, Duchesne*, 1778, 6 vol. in-8, fig. v. m. fil.

337. OEuvres de la citoyenne de Gouges. in-8, cart.

338. OEuvres complètes de M. le comte de Ségur. *Paris, Eymery*, 1825, 31 vol. in-8, demi-rel. v.

339. Collection de poésies, romans, chroniques, etc., publiée d'après d'anciens manuscrits et d'après des éditions des XVe et XVIe siècles. *Paris, Silvestre*, 1838-48, 21 livr. in-16, fig. sur bois, rel. en 5 vol. v. f. fil. tr. dor.

340. Album britannique, ou Choix de morceaux, traduits des recueils annuels de la Grande-Bretagne, orné de douze gravures. *Paris*, 1830, in-8, cart. en moire.

HISTOIRE.

I. GÉOGRAPHIE. — VOYAGES.

341. Atlas historique, généalogique, chronologique et géographique de A. Lesage (comte de Las Cases). *Paris, Leclerc,* (*s. d.*) gr. in-fol. avec 5 cartes supplémentaires, rel. en basane verte.

342. Guide pittoresque du voyageur en France. *Paris, F. Didot,* 3 vol. in-8, demi-rel. v. bl.

343. Carte topographique de la France, commencée par le corps des ingénieurs géographes, continuée par le corps d'état-major, et gravée au Dépôt de la guerre. 214 feuilles collées sur toile et renfermées dans 15 étuis, demi-mar. v.

344. Carte du département de la Seine, publiée par le Dépôt de la guerre. 1 feuille collée sur toile, dans un étui.

345. Carte générale de la chaîne des Alpes, contenant la haute Italie, la Suisse, etc., dressée pour l'intelligence des guerres de la révolution, par Jomini. 2 feuilles collées sur toile, dans un étui.

346. Voyage dans le Levant, en 1717 et 1718, par le comte de Forbin. *Paris,* 1819, in-8, demi-rel. v. r.

347. Voyage en Perse de MM. Eugène Flandin, peintre, et Pascal Coste, architecte, pendant les années 1840 et 1841. *Paris,* 1851, 2 vol. in-8 de texte et 4 vol. in-fol. max. pour les fig. et inscriptions, demi-rel. mar. bl.

348. Monument de Ninive découvert et décrit par

E. Botta, mesuré et dessiné par E. Flandin. *Paris, Imprimerie nationale*, 1849-5o, 5 vol. in-fol. max. dont 1 de texte et 4 de planches, demi-rel. mar. bl.

II. HISTOIRE UNIVERSELLE. — HISTOIRE DES RELIGIONS.

349. Discours sur l'histoire universelle, par Bossuet. *Paris, Lefèvre*, 1825, 2 vol. gr. in-8, pap. vél. demi-rel. mar. bl. n. rogn.

350. Religions de la Grèce, par P. N. Rolle. *Châtillon-sur-Seine*, 1828, in-8, br. (Tome 1er, seul publié.)

351. Lettres à Émilie sur la Mythologie, par Demoustier. *Paris, Renouard*, 1809, 6 tom. en 3 vol. in-8, fig. de Moreau, demi-rel. m. r.

352. Histoire abrégée de différents cultes, par Dulaure. *Paris*, 1825, 2 vol. in-8, demi-rel. v. v.

353. L'Apocalypse de Méliton, où Révélation des mystères cénobitiques, par Méliton. *A Sainct-Léger, chez Chartier (Holl., Elsev.)*, 1668, pet. in-12, front. gr. v. f. tr. d.

354. Vita et miracula sanctissimi patris Benedicti. *(S. l. n. d.)*, in-4, fig. de Sébastien Leclère, v. br.

355. Le Miroir des veufves, par Nicolas Gazet, religieux de l'ordre de Saint-François. Autre Miroir de la vie (en estat de viduité), et mort de la serenissime princesse Loyse de Lorraine, royne douairière de France. *Paris, Lombard*, 1601, pet. in-12, v. br.

356. Les Couvents, par Louis Lurine et Alp. Brot, illustrés par Tony Johannot, Baron, etc. *Paris*, 1846, gr. in-8, fig. demi-rel. mar. br.

357. Recueil de pièces concernant les religieuses de

Port-Royal des Champs, qui se sont soumises à l'Église. *Paris*, 1711, in-12, demi-rel. v. br.

358. Dissertation sur la sainte larme de Vendôme, par J. B. Thiers. *Amsterdam*, 1751, 2 vol. in-12, v. m.

III. HISTOIRE ANCIENNE.

359. Voyage du jeune Anacharsis en Grèce, par Barthélemy. *Paris, Debure*, 1790, 7 vol. in-8 et atlas in-4, demi-rel. bas.

360. Fêtes et courtisanes de la Grèce, supplément aux Voyages d'Anacharsis et d'Antenor (par Chaussard). *Paris*, 1821, 4 vol. in-8, demi-rel. v. f.

361. Les Commentaires de César, nouvelle édition, revue par Wailly. *Lyon*, 1812, 2 vol. in-12, demi-rel. v.

362. Vie de César, par Nicolas de Damas, fragment publié pour la première fois en 1849; nouvelle édition, par N. Piccolos, texte grec et trad. par A. D. *Paris, Didot frères*, 1850, in-8, demi-rel. m. br.

363. Histoire de l'empereur Julien, par Jondot. *Paris*, 1817, 2 vol. in-8, demi-rel. v.

IV. HISTOIRE DE FRANCE.

I. *Antiquités. — Collections. — Mélanges historiques.*

364. Gaule et France, par Alexandre Dumas. *Paris*, 1833, in-8, demi-rel. v. f.

365. Mémoires de l'académie celtique. *Paris, Dentu*, 1807-12, 6 vol. en 5 vol. in-8, demi-rel. v. m.

366. Antiquités nationales, ou Recueil de monu-

ments pour servir à l'histoire de l'empire françois, tels que tombeaux, inscriptions, etc., par
A. Louis Millin. *Paris, Drouhin,* 1790, 5 vol. in-4,
fig. v. rac.

367. Le Moyen âge et la Renaissance, histoire et
description des mœurs et usages du commerce et
de l'industrie, des sciences, des arts, de la littérature et des beaux-arts en Europe (publié par Paul
Lacroix et Ferdinand Seré). *Paris,* 1848, 5 vól.
in-4, fig. noires et coloriées, demi-rel. mar. r. n. r.

368. Monuments français inédits pour servir à l'histoire des arts, depuis le VIe siècle jusqu'au com-
mencement du XVIIe. Choix de costumes civils
et militaires, d'armes, armures, meubles de toutes
espèces, etc., dessinés, gravés et coloriés par Willemin, et accompagnés d'un texte historique et
descriptif, par André Pottier. *Paris,* 1839, 2 vol.
in-fol. fig. noires et en couleur, demi-rel. m. r.

369. Collection complète de mémoires relatifs à
l'histoire de France, avec des notes et des observations par Petitot (1re série). *Paris, Foucault,*
1819-1826, 52 vol. in-8. — Seconde série, publ.
par MM. Petitot et Monmerqué. *Paris, Foucault,*
1820-1829, 79 vol. in-8; en tout, 131 vol. demi-
rel. mar. bl. non rognés.

Bel exemplaire auquel on a ajouté 2,305 vignettes et portraits choisis
avec soin, savoir : 895 pour la première série et 1,410 pour la seconde.
Parmi les noms des graveurs, on remarque ceux de Th. de Leu,
L. Gaultier, Mich. Lasne, P. de Jode, Montcornet, Desrochers, Cochin,
Marcenay, etc.

370. Collection des meilleures dissertations, notices
et traités particuliers relatifs à l'histoire de France,
par C. Leber. *Paris, Dentu,* 1838, 20 vol. in-8,
demi-rel. m. v.

371. Documents inédits sur l'histoire de France.
Paris, Impr. royale, 72 vol. in-4, cart.

Règlements sur les arts et métiers de Paris, 1 vol. — Paris sous Philippe le Bel, 1 vol. — Documents hist. inédits, extraits de la Bibliothè-

que royale, 4 vol. — Captivité de François Ier, 1 vol. — Relation des ambassadeurs vénitiens du XVIe siècle, 2 vol. — Cartulaire de l'église Notre-Dame de Paris, 4 vol. — Papiers d'État du cardinal de Granvelle, 9 vol. — Correspondance administrative sous le règne de Louis XIV, 3 vol. — Procès des Templiers, 2 vol. — Lettres des rois et des reines de France, 2 vol. — Recueil de lettres missives de Henri IV, 6 vol. — Correspondance de H. de Sourdis, 3 vol. — Négociations relatives au règne de François Ier. — Journal des états généraux de 1484, 1 vol. — Procès-verbaux des états généraux de 1593, 1 vol. — Négociations de la France dans le Levant, 5 vol. — Recueil des monuments de l'histoire du tiers-état, 2 vol. — Lettres et papiers d'État du cardinal de Richelieu, tome Ier. — Négociations entre la France et l'Autriche, 2 vol. — Chronique de B. Duguesclin, 3 vol. — Chronique des ducs de Normandie, 3 vol. — Chronique du religieux de Saint-Denis, 6 vol. — Architecture monastique, 1 vol. — Archives de la ville de Reims, 10 vol.

372. Bulletin du comité historique des monuments écrits de l'histoire de France. *Paris, Impr. nationale,* 1849 et suiv. 4 vol in-8, demi-rel. — Bulletin du comité de la langue, de l'histoire et des arts de la France. *Paris, Impr. impériale,* 1854, 1er vol. in-8, d. m. r. — 2e vol. 5 livr. br.

373. Le Cérémonial de France, ou Description des cérémonies, rangs et séances observées aux couronnements, entrées, etc., des roys et reynes de France, par Th. Godefroy. *Paris, Pacard,* 1619, in-4, vél.

374. Le Cérémonial français, par Théod. Godefroy. *Paris, Cramoisy,* 1649, 2 vol. in-fol. v. br.

2. *Histoire particulière de France sous plusieurs règnes.*

375. L'Histoire de Geoffroy de Villehardouyn, d'un costé en son vieil langage, et de l'autre en un plus moderne et intelligible, par Blaise de Vigenere. *Paris, A. l'Angelier,* 1585, in-4, mar. r. (*Armoiries.*)

376. Procès des Templiers, publié par Michelet. *Paris, Impr. royale,* 1841, t. 1er, in-4, cart.

377. I. Hordal. Heroïnæ nobilissimæ Joannæ Darc Lotharingæ vulgo Aurelianensis puella historia.

Pont-Mussi, 1612, in-4, fig. de Léonard Gaultier, vél.

378. Histoire de Jeanne d'Arc, d'après les chroniques contemporaines, par l'abbé J. Barthélemy. *Paris*, 1847, 2 vol. in-8, fig. demi-rel. v. f.

379. Histoire de France au XVIᵉ siècle, Renaissance, par J. Michelet. *Paris, Chamerot*, 1855, in-8, demi-rel. mar. br.

380. Mandement du Roy, pour faire tenir prests et en équipage tous gentilzhommes et autres habitants qui sont subiects au ban et arrière-ban. *Paris, Guillaume de Niverd*, (s. d.) in-8, m. br. (*Rel. anc.*)

381. Les Hermaphrodites. L'isle des Hermaphrodites nouvellement descouverte. (*S. d.*), in-12, frontispice gravé, v. br.

382. Recueil de pièces historiques. In-8, demi-rel. v. f.
Dont : Edict du roy contre les hérétiques. *Tolosa, 1588.* — Conférence du crochéteur du Pont-Neuf, avec maistre Pierre du Coignet, manant et habitant de l'église Nostre-Dame de Paris. 1616. — Séjanus François au roi. — Seconde après disnée du caquet de l'accouchée. 1622. — Ordonnance de la police générale, tenue en parlement à la chambre S. Louys, pour obvier à la contagion. *Paris,* 1623. — La Conversion de Monsieur Poylevé, cy devant premier arboutant de la religion prétendue réformée. *Paris,* 1630.

383. Histoire de tout ce qui s'est fait en ceste ville de Paris, depuis le 7ᵉ de may 1588 jusqu'au dernier jour de juin, ensuyvant audit an. *Paris, Michel Joüin*, 1588, pet. in-8, couvert en soie.

384. Consolation envoyée à la royne, mère du roy et régente en France, sur la mort déplorable du feu roy Henri IV, son très-honoré seigneur et mary, par Louis Richeome, Provençal de la compagnie de Jésus. *A Lyon, Rigaud*, 1610, in-8, mar. r. fil. (*Rel. anc.*)

385. Le Soldat françois en cholère, adressé aux fidéles François. 1616. — Le Pellerin huguenot, auquel est contenu entr'autres choses l'horoscope du

parti des rebelles. — Lettres de Messieurs de l'assemblée de Grenoble envoyées au roi et à la reine
par les députez, 1615. — Regnaud de Montau-
ban resuscité, parlant aux bourgeois de Montau-
ban et à ceux de leur party. *Paris*, 1629. — Harangue faite à monsieur le duc de Mayenne à son
arrivée à Bordeaux. 1618. — Les Colloques du
curé de Coussi aux François. 1616. — Requeste
consacrée au roi pour le porter à la delivrance
du colonel d'Ornano (en vers). *Paris*, 1624. —
Les cent sortes de vin de Court, selon le goust de
maistre Guillaume. In-12, vél.

386. Recueil de pièces. Vol. pet. in-8, demi-rel. v.

La Séance du roy, faite en parlement le mardy 18 febvrier. 1620; *Paris*, 1620. — Le Courtisan à la mode, selon l'usage de la cour de ce
temps. *S. d.* — La Cérémonie de l'alliance entre la France et l'Angleterre. 1620. — Lettres d'Érothée à Néogame. 1624. — Destinée du maréchal d'Ancre, par Pub. Virgilius. *Paris*, 1617. — Stances et Quatrains
sur la mort du faquin de Conchine. *Paris*, 1617. — Harangue de la mar-
quise d'Ancre estant sur l'échaffaut. *Paris*, 1617. — Procès du marquis
d'Ancre. *Paris*, 1617. — L'Enterrement de Conchine, mareschal d'Ancre;
Paris; 1617. — Les Cérémonies qui ont été faictes à la réception de
MM. les chevaliers de l'ordre du Saint-Esprit en l'église des Augustins.
Paris, 1620.

387. Le Naufrage et débris de la flotte angloise.
    Paris, *Dugast*, 1628, in-8, cart.

388. Les Historiettes de Tallemant des Réaux, mé-
    moires pour servir à l'histoire du XVIIe siècle,
    seconde édition, précédée d'une notice par M. Mon-
    merqué. *Paris*, *Delloye*, 1840, 10 tomes en 5 vol.
    gr. in-18, demi-rel. mar. v.

389. Choix de Mazarinades, publié pour la Société
    de l'histoire de France, par C. Moreau. *Paris*, *J. Re-
    nouard*, 1853, 2 vol. in-8, demi-rel. m. v.

390. Recueil de pièces dites Mazarinades, en vers
    et en prose. In-4, demi-rel. v. f.

Dont : Lettre à M. le cardinal Burlesque. *Paris*, 1649. — Les Dernières Paroles de M. de Chatillon. 1649. — Les Trioletz du temps. 1649.
— Siége d'Aubervillers, en vers burlesques. 1649. — Le Pot-Pourri burlesque. 1649. — La Robe sanglante de Mazarin. 1649. — Satire contre
Mazarin. 1651. — Lettre du sieur Mazarini au cardinal Mazarin son fils.
1649.

391. Recueil de pièces en 1 vol. in-4, démi-rel. v. f.

Contenant : Journaux historiques de tout ce qui s'est passé de plus re-
marquable dans le voyage du roy et de Son Éminence... pour le traité du
mariage de S. M. *Paris*, 1660. — Relation des magnificences du grand
carousel du roi Louis XIV, avec les noms des princes et seigneurs qui
doivent courir la bague, etc, *Paris*, 1662. — Journal historique du grand
et magnifique carousel ou tournoy de Louis XIV (en vers), *Paris*, 1662.
— Requette à M. le prevost des marchands, par cent mille provinciaux
ruinez attendant l'entrée (en vers). *Paris*, 1660. — Relation des pièces
curieuses de ce temps. *Rouen*, 1649. — Relation de toutes les cérémonies
qui s'observent en la création des chevaliers de l'ordre du Saint-Esprit.
Paris, 1662. — Relation de ce qui s'est passé à l'arrivée de la reine Christine de Suède, à Essaune, en la maison de M. Hesselin. *Paris*, 1656.

392. Courses de têtes et de bagues faites par le roy
et par les princes et seigneurs de sa cour en l'année 1662. *Paris, Impr. royale*, 1670, gr. in-fol.
fig. d'Israël Silvestre et de Chauveau, demi-rel.
m. viol.

393. Courses de tête et de bague en l'année 1662.
Paris, 1670, in-fol. demi-rel.

394. Les Plaisirs de l'isle enchantée, ou les Fêtes et
divertissements du roy à Versailles, divisés en
trois journées et commencez le septième jour de
mai 1664. 9 figures gravées par Israël Silvestre,
11 autres figures gravées par Lepautre, de 1675 à
1679 pour les fêtes de Versailles de 1674. In-fol.
obl. demi-rel.

395. Fêtes de Versailles, par Isr. Silvestre. Épreuves
de la Calcographie, 1 vol. in-fol. dos et coins de
mar. vert. 20 pièces.

396. Histoire de Madame Henriette d'Angleterre, par
Mad. de la Fayette, publiée par feu A. Bazin.
Paris, Techener, 1853, in-18, mar. r. tr. dor.

397. Mémoires inédits de Louis-Henri de Loménie,
comte de Brienne, publ. par F. Barrière. *Paris,
Ponthieu*, 1828, 2 vol. in-8, v. ant.

398. Les Héros de la Ligue, ou la Procession mona-
cale conduite par Louis XIV pour la conversion

des protestants de son royaume. *Paris, chez Père
Peters (Holl.)*, 1691, in-4, fig. parch.

Bonnes épreuves.

399. Mémoires complets et authentiques du duc de
Saint-Simon. *Paris, Sautelet*, 1829-31, 21 vol. in-8,
demi-rel. mar. r.

On a ajouté à cet exemplaire 601 portraits, tant anciens que modernes, et choisis avec soin, des principaux personnages dont il est fait mention dans ces Mémoires. Parmi les noms des graveurs on remarque ceux
de Cl. Mellan, Montcornet, Desrochers, Odieuvre, etc.

400. Les Français sous Louis XIV et Louis XV, texte
par Audebrand, Roger de Beauvoir, etc., vignettes
par Tony Johannot, Gavarni, etc. *Paris (s. d.)*, gr.
in-8, demi-rel. mar. r.

401. Vie privée de Louis XV, ou Principaux évé-
nements, particularités et anecdotes de son règne (par d'Angerville). *Londres, Peter Lyton*, 1781,
4 vol. in-12, bas.

402. Le Sacre de Louis XV dans l'église de Reims,
le dimanche, 25 octobre 1722, gr. in-fol. 72 planches, mar. r. dent. tr. dor. (*Aux armes de la ville
de Paris*.)

On a ajouté au volume la belle planche de Moreau jeune, représentant
le sacre de Louis XVI.

403. Atlas militaire, contenant le théâtre de la guerre
dans les Pays-Bas. *Paris*, 1746, pet. in-fol. mar.
r. fil. tr. dor.

404. Précis historique de la révolution française,
par Lacretelle. *Paris, Treuttel et Wurtz*, 1803-
1815, 6 vol. in-18, pap. vél. fig. demi-rel. v. bl.

405. Histoire de la révolution française, par A.
Thiers. *Paris*, 1834, 10 vol. in-8, fig. demi-rel. v. f.

406. Collection complète des tableaux historiques
de la révolution française. *Paris, Auber*, 1802,
3 vol. in-fol. pap. vél. fig. et portr. cart. n. rog.

407. Gravures historiques de la révolution fran-

çaise, de 1789 à 1793 (par Boyer de Nismes). *Paris*, 1789, in-8, demi-rel. v. br. (*Titre manuscrit.*)

408. Essais historiques sur la vie de Marie-Antoinette d'Autriche. *Londres*, 1789, in-8, cart.

Ouvrage satirique.

409. Mémoires de Rivarol, avec des notes et des éclaircissements historiques. *Paris*, 1824, in-8, demi-rel. v. r.

410. La Galerie des états généraux. *Paris*, 1789-90. 3 tom. en 1 vol. — Essai historique sur la vie de Marie-Antoinette. *Versailles*, 1789. — Réception du comte d'Artois chez l'électeur de Cologne. *Bruxelles*, 1789. — Pénitence du comte d'Artois. — Exposé de la conduite de M. le duc d'Orléans dans la révolution française, rédigé par lui-même à Londres. — Vie de L. P. J. Capet, ci-devant duc d'Orléans. — Chronique scandaleuse, 1789, 28 n^os de 1 à 28 (il manque les 5 derniers numéros, plus les n°s 17 et 18), in-8, cart.

411. Pièces sur la révolution, dont : les Imitateurs de Charles IX, ou les Conspirateurs foudroyés, drame. *Paris*, 1790, in-8, demi-rel.

412. Lettre au peuple, et plusieurs autres pièces sur la révolution, in-8, cart.

413. Recueil de 60 pièces relatives à la révolution de 1789. In-8, v. m.

414. Pièces diverses. Recueil factice contenant une vingtaine de pièces curieuses sur la révolution. In-8, demi-rel.

415. Tableau historique et politique des travaux de l'assemblée constituante, par de Rivarol l'aîné. *Paris*, 1797, in-8, v. m. tr. d.

416. Histoire-musée de la république française, par Augustin Challamel. *Paris*, 1842, 3 vol. gr. in-8, fig. demi-rel. mar. r.

417. Histoire de la Convention nationale, par M. de

Barante. *Paris, Furne,* 1851, 6 vol. in-8, demi-rel.
m. v.

418. Histoire des Girondins, par A. de Lamartine.
Paris, Furne, 1847, 8 vol. in-8, demi-rel. v, viol.

419. Les Chemises rouges, ou Mémoires pour servir à l'histoire du règne des anarchistes. *Paris,
Deroy,* an VII, 2 vol. in-12, cart.

420. Histoire du Directoire, par Granier de Cassa-
gnac. *Paris,* 1851, tome Ier, in-8, br.

421. Victoires, conquêtes, désastres, revers et guerres
civiles des Français, de 1792 à 1825. *Paris, Panc-
koucke,* 1817, 28 vol. in-8, demi-rel. bas.

422. Tableaux historiques des campagnes d'Italie,
depuis l'an IV jusqu'à la bataille de Marengo. *Paris, Auber,* 1806, in-fol. grav. d'après les dessins
de C. Vernet, demi-rel. v. ant.

423. Mémoires sur l'enfance et la jeunesse de Napoléon, par C. Nasica. *Paris, Ledoyen,* 1852, in-8,
demi-rel. v.

424. Napoléon, ses opinions et jugements sur les
hommes et sur les choses, recueillis par M. Da-
mas-Hinard. *Paris, Dufey,* 1838, 2 vol. in-8,
dem.-rel. m. v.

425. Mémoires de M. de Bourrienne, ministre d'É-
tat, sur Napoléon, le directoire, le consulat, l'empire et la restauration. *Paris, Ladvocat,* 1829, 10
vol. in-8, demi-rel. v. f.

426. Histoire des négociations diplomatiques relatives aux traités de Morfontaine, de Lunéville et
d'Amiens, par Ducasse. *Paris, Dentu,* 1855, 3 vol.
in-8, demi-rel. m. br.

427. Napoléon et Marie-Louise, souvenirs historiques, par le baron de Meneval. *Paris, Amyot,*
1843, 3 vol. in-8, demi-rel. mar. bl.

428. Mémoires du roi Joseph, publiés par Ducasse.
Paris, Perrotin, 1853, 10 vol. in-8, demi-rel. m. br.

429. Mémoires tirés des archives de la police, par Peuchet. *Paris*, 1838, 6 vol. in-8, demi-rel. v. v.

430. Mémoires du docteur Antommarchi, ou les derniers moments de Napoléon. *Paris*, 1825, 2 vol. in-8, demi-rel. v. v.

431. Mémoires de G. J. Ouvrard. *Paris*, 1826, 3 vol. in-8, demi-rel. v. v.

432. Sacre de Charles X. Recueil de 30 figures représentant les cérémonies et costumes du sacre, gravés par Lefèvre, Lignon, Muller, etc. in-fol. demi-rel. mar. bl.

433. Histoire de Louis-Philippe, roi des Français, par M. Amédée Boudin. *Paris*, 1847, 2 vol. in-8, fig. sur bois, demi-rel.

434. La Royauté de juillet et la révolution, par A. Pepin. *Paris*, 1837, 2 vol. in-8, demi-rel. v. bl.

435. Revue rétrospective, ou Archives secrètes du dernier gouvernement (1830-1848). *Paris, Paulin*, 1848, gr. in-8, demi-rel. mar. v.

436. Histoire de la Révolution de 1848, par A. de Lamartine. *Paris, Perrottin*, 1849, 2 vol. in-8, demi-rel. v. r.

437. Souvenirs numismatiques de la révolution de 1848. — Recueil complet des médailles, monnaies et jetons qui ont paru en France depuis le 22 février jusqu'au 20 décembre 1848. *Paris, Rousseau*, in-4, dos et coins de m. v.

438. Assemblée nationale comique, par Auguste Lireux, illustré par Cham. *Paris, Lévy frères*, 1850, in-4, moire, tr. d.

439. Mémoires de Caussidière. *Paris, Lévy frères*, 1849, 2 tom. en 1 vol. in-8, demi-rel. v. f.

440. Histoire complète et authentique de Louis-Napoléon Bonaparte depuis sa naissance jusqu'à ce jour, par MM. Gallix et Guy. *Paris, Morel*, 1852, in-8, demi-rel. m. v.

441. Histoire politique, anecdotique et populaire   *16 . 50*
de Napoléon III, par Paul Lacroix. *Paris, Dufour,
Mulat et Boulanger*, 1853, 4 vol. in-8, portr. demi-
rel. m. r.

3. *Histoire des anciennes provinces et villes de France.*

A. Paris.

1. *Topographie.*

a. Descriptions de la ville de Paris.

442. Paris ancien et nouveau, par Le Maire. *Paris,*   *11 .*
Th. Girard, 1685, 3 vol. in-12, v. br.

443. Les Curiositez de Paris, de Versailles, de Marly,   *3 .*
de Vincennes, de Saint-Cloud et des environs (par
Cl. Saugrain). *Paris, Saugrain*, 1719, 2 vol. in-12,
fig. v. jasp.

444. Description de Paris, de Versailles, de Marly, de   *20*
Meudon, de Saint-Cloud, de Fontainebleau, par Pi-
ganiol de la Force. *Paris*, 1742, 8 vol. in-12, fig. v. m.

445. Voyage pittoresque de Paris, ou Indication de   *1 . 50*
tout ce qu'il y a de plus beau dans cette grande
ville en peinture, sculpture et architecture (par
d'Argenville). *Paris, de Bure*, 1757, in-12, v. m.

446. État ou Tableau de la ville de Paris, considérée   *2 . 25*
relativement au nécessaire, à l'utile, à l'agréable
et à l'administration (par de Jèze). *Paris*, 1761,
in-8, plan, v. m.

447. État ou Tableau de la ville de Paris (par de   *2 . 50*
Jèze), nouvelle édition augmentée. *Paris*, 1762,
in-8, plan, v. m.

448. Le Géographe parisien, ou le Conducteur chro-   *4 . 25*
nologique et historique des rues de Paris (par le
Sage). *Paris*, 1769, 2 vol. in-8, plans, v. m.

449. Recherches critiques, historiques et topogra-   *7 . 25*
phiques sur la ville de Paris, depuis ses commen-

cements connus jusqu'à présent, par Jaillot. *Paris*,
1775, 5 vol. et 1 vol de table in-8, v. m. (*sans les
plans*).

450. Dictionnaire historique de la ville de Paris et
de ses environs, par Hurtault. *Paris, Moutard*,
1779, 4 vol. in-8, plans, v. éc.

451. Description de Paris et de ses plus beaux monuments, gravés en taille-douce par Martinet,
pour servir d'introduction à l'Histoire de Paris et
de la France, par Béguillet et Poncelin. *Paris*,
1779, 3 vol. in-8, fig. bas.

452. Paris en miniature, d'après les dessins d'un
nouvel Argus (par le marquis de Luchet). *Londres et Paris, Pichard*, 1784, in-12, v. m.

453. Nouvelle description des curiosités de Paris,
par J. A. Dulaure. *Paris, Lejay*, 1786, pet. in-12,
fig. v. m.

454. Dictionnaire topographique, étymologique et
historique des rues de Paris, accompagné d'un
plan de Paris, par de la Tynna. *Paris*, 1812, in-8,
bas.

455. Paris and its environs displayed in a series of
picturesque views, by Pujin and Heath. *London*,
1830, in-4, fig. demi-rel. v. r.

456. Dictionnaire historique de Paris, par Béraud
et Dufey. *Paris*, 1832, 2 vol. in-8, plans, demi-
rel. v.

b. Plans de Paris.

457. Études archéologiques sur les anciens plans de
Paris des XVIe, XVIIe et XVIIIe siècles, par A. Bonnardot, Parisien. *Paris, Deflorenne*, 1851, in-4,
pap. vélin, demi-rel. v.

Tiré à 200 exemplaires, dont 4 sur papier vélin.

458. Dissertations archéologiques sur les anciennes

encèintes de Paris, par A. Bonnardot. *Paris, Dumoulin*, 1852, in-4; demi-rel. m. bl.

Tiré à 200 exemplaires.

459. Plan de Paris, extrait de : *Théâtre des différentes cités du monde, par Georges Bruin. Cologne*, 1581, et la copie, 2 pièces.

Ce plan représente Paris tel qu'il était vers 1530.

30 ·

460. Plan de Paris, dit de tapisserie, représentant l'état de Paris vers 1540, gravé en 1818. — Paris en 1654. 2 pièces.

14 ·

461. Plan de Paris, par Jean d'Ogerolles. 1563. 1 pièce.

16 ·

462. Plan de Paris, par Léonard Gaultier. — Plan de Paris, par H. R. M. D. (XVIe siècle). — Paris en 1654, de Zeiller. 3 pièces.

11 · 50

463. Plan de Paris, par Mathieu Mérian. 1 pièce.

4 · 50

464. Différents plans de Paris, gravés par des anonymes en 1612, 1694, etc. 6 pièces.

6 · 50

465. Plan de la ville et université de Paris. *Paris, N. Berey*, 1666, 1 feuille gr. in-fol. — Plan de Paris (extr. de l'Atlas de Blaeu, 1663). 1 feuille in-fol.

85 ·

466. Plan de Paris, levé en l'année 1676, par Bullet, architecte. 4 grandes feuilles.

96 ·

467. Plan de Paris, dédié par Albert Jouvin de Rochefort, à Simon Arnauld de Pomponne. 8 pièces.

184 ·

468. Plan de Paris et de ses environs, par Nicolas Defer. 1 pièce.

6 · 50

469. Description de la ville et des fauxbourgs de Paris en 20 planches, avec un détail de toutes les abbayes, églises, édifices, palais et hôtels, etc. (par J. de la Caille). *Paris*, 1714, in-fol. pl. demi-rel. v. r.

30 ·

470. Plan de Paris (publ. par Jean Bretez, d'après

41 ·

les ordres de Turgot). *Paris,* 1739, gr. in-fol. 20
planches, v. m. fil. tr. dor. (*Aux armes de la ville
de Paris.*)

471. Plan de Paris, par Jaillot (1774). 25 pièces.

472. Atlas de Paris, par la Grive. In-fol. 9 planches,
demi-rel. mar. v.

473. Atlas du plan général de la ville de Paris, levé
par Verniquet. *Paris,* an IV, in-fol. obl. demi-rel.
mar. bl.

474. Plan de Paris fortifié et des communes envi-
ronnantes. *Paris, Andriveau-Goujon,* 1848, 1 feuille.

Deux exemplaires de ce plan se trouvent ici réunis, le premier porte
cette inscription manuscrite : *Tableau de Paris dans la journée du 24 février* 1848 ; et le second celle-ci : *Tableau de Paris dans la journée du
26 juin* 1848. Sur l'un et l'autre plan on a indiqué en rouge les barricades élevées dans ces deux journées dans les rues de Paris, et en jaune
les monuments, établissements municipaux, etc., incendiés, mutilés, ou
endommagés dans les mêmes journées. On a en outre ajouté au bas de la
marge le nombre des barricades élevées, des pavés arrachés, des monuments détruits, des arbres renversés, des appareils de gaz brisés, etc.

c. Vues générales et particulières.—Rues, monuments, églises, hôtels, etc.

475. Vue de Paris, par Mathieu Merian. — Vue de
Paris, par P. H. Schut. — Plan de Paris en 1620.
3 pièces.

476. SILVESTRE (Israël). — Perspective de la ville
de Paris vue du pont des Tuileries. In-fol. 1 p.

477. Vue de Paris de la terrasse de Meudon. 1735.
— *Id.* à la pointe de l'Arsenal (*s. d.*). — *Id.* du
clocher de Chaillot, 1733. — *Id.* du côté de Bel-
leville, 1736, etc. 9 pièces.

478. Le Louvre, vues diverses, par Israël Silvestre,
Aveline, etc. — Saint-Germain l'Auxerrois, par
I. Silvestre et autres. Ensemble, 30 pièces.

479. Palais du Louvre, par Blondel, Séb. Leclerc,
Chéreau et autres. 12 pièces.

480. Dessin du Louvre entier présenté au roi par

Autoine-Léonor Houdin, architecte du roy, l'an
1661. *F. Bignon excudit.* 1 pièce.

481. SILVESTRE (Israel).—Veue perspective du palais
des Tuileries du costé de l'entrée, avec le plan du
premier estage au-dessus du rez-de-chaussée. —
Veue et perspective du palais des Tuileries du
costé du jardin, avec le plan du premier estage
au rez-de-chaussée. 2 pièces.

482. Vues du palais et du jardin des Tuileries, par
Isr. Silvestre et autres. 5 pièces.

483. Les Thuileries, diverses vues, par Boisseau,
Is. Silvestre, Perelle, etc. 32 pièces.

484. Hôtel de Vendôme (1652). — Vue de la foire
Saint-Ovide, qui se tient dans la place Vendôme.
— Place Louis-le-Grand, par le Pautre. — Co-
lonne de la grande armée. — Église des Feuil-
lans. — Assomption, etc. 27 pièces.

485. Place Louis XV, publié par le Rouge en 1763.
1 pièce.

486. Place de la Concorde. — Vue et perspective
des Tuileries. *Israel excud.* — Jardin de M. Renard, par I. Silvestre. — Cours la Reine. *Israel
excud.* — Porte de la Conférence. *Israel excud.*
Id. par Pérelle. — Porte Saint-Honoré. — La Sa-
vonnerie, par Isr. Silvestre. — Les Bons-Hommes.
Israel excud. — Champs-Élysées. — La Made-
leine. 40 pièces.

487. Veue du Palais-Royal, dessinée et gravée par la
Boissière en 1679. 1 pièce.

488. Palais-Royal. — Diverses Vues, par Is. Silvestre, Pérelle, etc. — Vue du feu pris à la salle de
l'Opéra, le 6 avril 1763. — Hôtel de Chevreuse,
par J. Marot. 27 pièces.

489. Place des Victoires, par Guérard. — Maison de
M. Colbert, Hostels de Bautru, d'Argouges, de
Lyonne, par J. Marot. — Palais Mazarin, maison

et église des PP. de l'Oratoire, par J. Marot, etc. 34 pièces.

490. Hôtel Louvois, hôtel Desmarets, hôtels du commandeur du Gert et de la Vrillière, par J. Marot. — Hôtel de Toulouse, etc. 42 pièces.

491. Frontispice de la Maison et bureau des marchands drapiers de la ville de Paris. *L. Bruant inv. I. Marot, sculp.* 1 pièce.

492. Porte Saint-Martin, par Pérelle. — L'Église Saint-Martin-des-Champs. *Israel excud.* — La Prison des Madelonnettes en 1793. — Porte Saint-Denis, ancienne et nouvelle, par Isr. Silvestre et Poilly. — L'Église Saint-Sauveur, par Isr. Silvestre. — Église et cimetière des Saints-Innocents. — Fontaine des Innocents. — Saint-Eustache, etc. 42 pièces.

493. Place Royale. *Isr. Henriet excud.* — Marais : l'hôtel de Carnavalet, l'hôtel du Maine, par C. Chastillon. — L'Hostel de Sully, l'hôtel d'Aumont, l'hostel de Soubise, l'hôtel d'Angoulesme, l'hostel de Saint-Paul, etc., par Silvestre, J. Marot, etc. 42 pièces.

494. Monastère de Notre-Dame des Blancs-Manteaux. 2 pièces.

495. Rue Saint-Antoine. — Porte Saint-Antoine. — Bastille ; par Israel Silvestre, Pérelle, Séb. Leclerc, Aveline et autres. 40 pièces.

496. Le Temple, l'église du Temple, Sainte-Élisabeth, etc., par Silvestre, J. Marot, etc. — Boulevard du Temple. 29 pièces.

497. Hôtel de ville. — Diverses vues par Silvestre, Poilly, etc. — Saint-Gervais. — Saint-Jacques la Boucherie. — Le grand et le petit Châtelet. 22 pièces.

498. CHATILLON. — *Portrait du magnifique bastiment de la Maison de ville de Paris.* 1 pièce.

499. Arsenal. — Hôtel de Sens. — Église des Minimes, par J. Marot. 17 pièces.

500. BERTHAULT. — Le Port au blé. 1785. — Le Pont-Royal. 1785. — Le Port Saint-Paul. 1788. 3 pièces.

501. Le Plan de l'Isle. — Le Pourtraict du pont commencé à Paris, trauersant du port Saint-Paul à la porte de la Tournelle. *Jean Messager excud.* 1 pièce.

502. L'Ile Notre-Dame ou Saint-Louis, diverses vues, par Isr. Silvestre, Aveline et autres. — Le Pont-Marie. — Maison du président Bretonvilliers, par J. Marot. — Hostel de la Basignère, etc. 24 pièces.

503. Église de Notre-Dame, diverses vues par I. Silvestre, Aveline, Boisseau, etc. — Hôtel-Dieu, par J. Marot, etc. 26 pièces.

504. Veue de la principale entrée de l'église Nostre-Dame de Paris. *Balth. Montcornet excudit.* 1 pièce.

505. Le Vray Pourtraict de l'autel de la Vierge de l'Esglise Nostre-Dame de Paris. *Balthasard Moncornet excudit.* 1 pièce.

506. Le Pont-Neuf, par Isr. Silvestre et autres. — Le Pont Notre-Dame, par Pérelle. — Le Pont-au-Change, par Aveline. — La Place Dauphine, par Pérelle. — La Samaritaine, etc. 27 pièces.

507. BELLA (Stef. della). — Vue du Pont-Neuf. Deux épreuves.

508. Vues du Pont-Neuf. Petite vue. *Israel excud.* — *Id.*, par Pérelle. — L'Embarras de Paris, grav. par N. Guérard. 5 pièces.

509. HUCHTENBURGH (I. V.). — Vue du Pont-Neuf, gr. in-fol. 1 pièce.

510. CHASTILLON (Claude). — La Place Dauphine, construite dans la ville de Paris durant le règne de Henri le Grand, 4e du nom, in-fol. 1 pièce.

511. Palais de Justice. — Chambre des Comptes. — Sainte Chapelle. — Place Dauphine, diverses vues, par Isr. Silvestre, Pérelle, etc. 30 pièces.

512. Profil de l'église de la Sainte-Chapelle. *Jean Boisseau excud. S. d.* 1 pièce.

513. Diverses vues de l'hôtel et de l'église des Invalides, par P. le Pautre, J. Marot, Pérelle, Aveline, etc. — Vues du Champs-de-Mars. 26 pièces.

514. Vues et profil de l'hôtel de Liancour (rue de Seine), par J. Marot. — Maisons de MM. de Salvois et de l'Aigle, par J. Marot. — Maison de M. Falconi (rue des Saints-Pères), par le même. — Hôtel de Cossé, par le même. — Maison du président Tambonneau, par le même. — L'Église des religieux de Prémontré. — L'Église des Incurables. — Décorations intérieures des hôtels de Villars (rue de Grenelle), de Roquelaure, etc. 29 pièces.

515. Plan de la foire Saint-Germain. *Jollain excud.* 1 pièce. — Vue de l'incendie de la foire Saint-Germain, 1762. 1 pièce.

516. Plan de l'abbaye de Saint-Germain des Prés, gravé en 1687. In-fol. 1 pièce.

517. L'Abbaye Saint-Germain des Prés, diverses vues et plans, par J. Marot et autres. — Maison abbatiale de Saint-Germain des Prés. *Israel excudit.* — Prison de Saint-Germain-des-Prés. — L'Église de la Charité, par J. Marot. — Saint-Sulpice. *Israel excud.* — L'Église des Carmes, par I. Silvestre, etc. 26 pièces.

518. Plan de la paroisse de Saint-Sulpice ou du fauxbourg Saint-Germain. 1696. — Plan de la paroisse royale Saint-Germain-l'Auxerrois, fait en 1698 par de Fer, corrigé en 1725. — Plan de la même paroisse, par Faure. 1739. 3 feuilles.

519. Le Grand et magnifique bastiment de l'hostel

de Nevers, représenté en sa partie d'orient, aujourd'huy l'hostel de Conty, par Claude Chastillon. 1 pièce.

520. Le Grand Couvent des Augustins, par I. Silvestre. — Les Petits-Augustins. — L'Hôtel du duc de Luynes (quai des Augustins). *Israel excud.* — L'Hôtel de Nevers. — L'Hôtel du Plessis-Guénégaud, par J. Marot. — Diverses Vues de la tour de Nesle, par J. Callot, I. Silvestre et autres. — Le Collége des Quatre-Nations, etc. 28 pièces.

521. Le Luxembourg ou palais d'Orléans, diverses vues, par Is. Silvestre, Perelle, etc. — La Chartreuse de Paris. — L'Hôtel de Condé, par J. Marot, etc. 35 pièces.

522. L'Observatoire, par Pérelle. — Le Val-de-Grâce, vues diverses, par Pérelle et autres. — Les Carmélites. — Port-Royal. — N. D. des Champs, par J. Marot. — L'Abbaye Sainte-Geneviève. — La Sorbonne, par J. Marot, Pérelle, etc. 49 pièces.

523. Jardin des Plantes, par Isr. Sylvestre, Pérelle et autres. — La Salpétrière, par Pérelle. — La Galerie des Gobelins, par Séb. Leclerc. — L'Abbaye de Saint-Victor, par Isr. Silvestre, A. Flamen et autres. — L'Eglise des Bernardins, par I. Silvestre. — La Porte Saint-Bernard. — Le Port Saint-Bernard, Israël excud. — Vue du Mail. 39 pièces.

524. DESCOURTIS (Charles). — Vue de la porte Saint-Bernard. — Vue du port Saint-Paul. 2 pièces.

2. *Antiquités.* — *Histoire générale et particulière.*

525. Les Fastes, antiquitez et choses plus remarquables de Paris, par P. Bonfons. *Paris, N. et P. Bonfons,* 1605, in-8, v. br.

526. Le Théâtre des antiquités de Paris, par Jacques

du Breul. *Paris, Cl. de la Tour,* 1612, in-4, fig.
bas.

527. Histoire et Recherches des antiquités de la ville
de Paris, par M. Henry Sauval. *Paris,* 1724, 3 vol.
in-fol. v. mar.

528. Les Annales générales de la ville de Paris (par
Malingre). *Paris,* 1640, in-fol. v. br.

529. Histoire de la ville de Paris, composée par Michel Félibien, revue par G. A. Lobineau. *Paris,*
1725, 5 vol. in-fol. fig. v. br.

530. Histoire civile, physique et morale de Paris,
par Dulaure. *Paris, Baudouin frères,* 1825-1826,
10 vol. in-12, fig. demi-rel. v.

531. Paris ancien et moderne, ou Histoire de France,
d'après du Breul, Sauval, etc., par de Marlès. *Paris,* 1837, 3 vol. in-4, fig. demi-rel. v. r.

532. Paris, histoire véridique, anecdotique, morale
et critique avec la clef par Chevrier. *La Haye,*
1767, in-12, v. jasp.

533. Paris à la fin du XVIIIe siècle, par Pujoulx. *Paris,* 1801, in-8, v. jasp. fil.

534. Recueil des chartes, créations, confirmations
des colonels, capitaines, majors, officiers, arba-
lestriers, archers et fusiliers de la ville de Paris,
par M. Hay, colonel desdits gardes. *Paris, J. Des-
prez,* 1770, in-4, v. m.

3. *Histoire et description des monuments, palais, églises, etc.*

535. Statistique monumentale de Paris, par Albert
Lenoir, architecte. 3 vol. gr. in-fol. fig. noires et
en couleur, demi-rel. mar. r.

On a relié à la suite du tome III l'atlas du *Compte de dépenses de la
construction du château de Gaillon. Plans et dessins. Paris, Impr. nationale,* 1851.

536. Histoire du Palais-Royal (par Vatout). *Paris,*
1840, in-8, demi-rel. v. r.

537. Histoire et description pittoresque du Palais-de-Justice, de la Conciergerie et de la Sainte-Chapelle de Paris, par Sauvant et Schmit. *Paris, Engelmann*, 1825, in-fol. fig. lith. demi-rel. v. b.

538. Histoire du Châtelet et du parlement de Paris, par Constantin Gérard. *Paris*, 1847, gr. in-8, fig. br.

539. Les Prisons de Paris, histoire, types, mœurs, mystères, par Maurice Alhoy et Louis Lurine. *Paris*, 1846, gr. in-8, fig. demi-rel. mar. n.

540. Essai historique sur l'Hôtel-Dieu de Paris, ou Tableau chronologique de sa fondation, etc., par Rondonneau de la Motte. *Paris*, 1787, in-8, demi-rel.

541. Description historique des curiosités de l'Eglise de Paris, par M. C. P. G. (l'abbé de Montjoye, chanoine de Notre-Dame), ornée de figures. *Paris, Gueffier*, 1763, in-12, demi-rel. m. r. — Calendrier historique et chronologique de l'Eglise de Paris, par Lefèvre. *Paris*, 1747, in-12, bas.

542. Histoire de l'abbaye royale de Saint-Germain, des Prés par dom Jacques Bouillart. *Paris, Grégoire Dupuis*, 1724, in-fol. fig. v. br.

543. Remarques historiques sur l'église et la paroisse de Saint-Sulpice (par Simon de Boncourt). *Paris, Crapart*, 1773, in-12, demi-rel. mar. bl.

4. Entrées des rois, fêtes, cérémonies, etc.

544. C'est l'ordre qui a été tenu à la nouvelle et joyeuse entrée, que très hault, très excellent et très-chrétien Henry deuxième de ce nom a faicte en sa bonne ville et cité de Paris, le 16ᵉ jour de de juin 1549. *Paris, chez Jacques Roffet*, in-4, fig. sur bois, demi-rel. v. f.

Jolies gravures sur bois. A la suite de l'Entrée du roi se trouve l'*Entrée de la royne*, également avec figures sur bois.

545. Bref et sommaire Recueil de ce qui a esté faict

et de l'ordre tenue à la joyeuse et triumphante entrée de très puissant , très magnanime et très-chrestien prince Charles IX en sa bonne ville et cité de Paris, le mardy, sixiesme jour de mars (1571), avec le couronnement de très-haute princesse Madame Elisabeth d'Autriche, son épouse, et entrée de ladicte dame en icelle ville, le jeudi XXIX mars 1571. *Paris, imp. de Denis Dupré, pour Olivier Codoré*, 1572, 3 part. en 1 vol. in-4, fig. sur bois, demi-rel. v. br.

546. Eloges et discours sur la triomphante réception du roy en sa ville de Paris, après la réduction de la Rochelle, accompagnez des figures, tant des arcs de triomphe que des autres préparatifs. *Paris, Rocolet*, 1629, in-fol. fig. parch.

547. Entrée triomphante de LL. MM. Louis XIV, roi de France, et Marie-Thérèse d'Autriche, son épouse, dans la ville de Paris. *Paris, Lepetit*, 1662, in-fol. portr. de Louis XIV gravé par Poilly, et figures gravées par J. Marot, in-fol. bas.

548. Description de la feste et du feu d'artifice qui doit être tiré à Paris au sujet de la naissance de Mgr. le Dauphin. *Paris*, 1730, in-4, fig. br.

549. Description des fêtes données par la ville de Paris, à l'occasion du mariage de madame Louise-Elisabeth de France et de don Philippe, infant d'Espagne, les 29 et 30 août 1739. *Paris, Lemercier*, 1740, gr. in-fol. fig. dess. et grav. par J. F. Blondel, mar. r. dent. tr. dor. (*Aux armes de la ville de Paris.*)

550. La même Description. *Paris, Lemercier*, 1740, gr. in-fol. fig. demi-rel. v. f.

551. Fêtes publiques données par la ville de Paris à l'occasion du mariage de Mgr le Dauphin, le 15 février 1747, 8 figures gravées par Lemire, Tardieu, etc. Gr. in-fol. mar. bl. (*Aux armes de la ville de Paris.*)

552. Le Sacre de S. M. l'empereur Napoléon, le 2 décembre 1804, avec 8 figures dessinées par Isabey et Fontaine. — Description des tableaux et explication des costumes, 39 planches dessinées par Isabey, Percier et Fontaine, gravées par Massard, Delvaux, etc. 2 vol. gr. in-fol. demi-rel. mar. r.

553. Description des cérémonies et fêtes qui ont eu lieu pour le couronnement de LL. MM. Napoléon, empereur, et Joséphine, son épouse. — Recueil de décorations exécutées dans l'église Notre-Dame de Paris et au Champ-de-Mars, d'après les dessins de Percier et Fontaine. *Paris*, 1807, gr. in-fol. 12 pl. demi-rel. mar. bl. n. rog.

554. Description des cérémonies et des fêtes qui ont eu lieu pour le mariage de S. M. l'empereur Napoléon avec S. A. I. madame l'archiduchesse Marie-Louise d'Autriche, par Percier et Fontaine. *Paris, F. Didot*, 1810, gr. in-fol. avec 13 planches, cartonné.

B. Résidences royales et Châteaux de France.

555. Recueil des plus belles veues des maisons royales désignées et gravées par Pérelle. *Paris, Poilly*, (*s. d.*) in-fol. obl. 192 pl. cart.

556. Meudon. — Vues du château, par Chastillon, Israël, Pérelle, etc. — Saint-Cloud, vues du château, du jardin et des cascades, par Isr. Silvestre, J. Marot, Perelle, etc. 43 pièces.

557. SILVESTRE (Israël). Veue de la maison de Saint-Cloud, appartenant à Monsieur, frère unique du roy. 1 pièce.

558. Souvenirs historiques des résidences royales de France, par Vatout. Palais de Versailles. *Paris*, 1837, in-8, demi-rel. v. bl.

559. Versailles. — Vues du château, du jardin, des cascades, etc., par I. Silvestre, Perelle et autres. 88 pièces.

560. Veue et perspective du château et du jardin de Versailles comme il est à présent. *Amsterdam, Ch. Allard excudit*, etc. 2 pièces.

561. Versailles, salle des Croisades. 2 vol. in-4, blasons en couleur, cart.

562. BRISSARD. — Veue et perspective des chasteaux de Saint-Germain-en-Laye. In-fol. 1 pièce.

563. Saint-Germain, Rueil, Saint-Ouen, Versailles, Anet, etc. 18 pièces, par Silvestre, Rigaud, etc.

564. Rueil, La Malmaison. — Saint-Germain, diverses vues du château, par Is. Silvestre, Pérelle, J. Marot, etc. — Le Château de Maison, par Pérelle. 35 pièces.

565. Vues de châteaux. Le Rincy. *Israël excud.* — Autres par Pérelle et J. Marot. — Écouen, par Chastillon et autres. — La Maison de M. de Pomponne. — Liencourt par Israël Silvestre et Pérelle, etc. — Vaux-le-Vicomte, par Pérelle. 21 pièces.

566. Fontainebleau. Diverses vues, par Is. Silvestre, Pérelle, etc. 31 pièces.

567. Histoire du château de Blois, par L. de la Saussaye, 3e édition. *Blois*, 1850, in-12, pl. lith. et cartes, dem. rel. v.

568. Album du château de Blois restauré, et des châteaux de Chambord, Chenonceaux, Chaumont et Amboise, dessinés d'après nature par J. Monthelier, accompagné d'un texte archéologique, par A. Baillargé, et enrichi de notices par J. Walsh. *Blois*, 1851, pet. in-fol. fig. lith. demi-rel. m. n.

569. Diverses vues du château et des jardins de Chantilly, par Pérelle. 26 pièces.

570. Diverses vues de châteaux, par Pérelle, Isr. Silvestre, J. Marot et autres. 36 pièces.

Le château de Richelieu. — Le château de Chaunes. — Ancy-le-Franc. Tanlay. — Château d'Amboise. — de Verger en Anjou. — de Gaillon. — de Louvois, etc.

C. Histoire et topographie des autres villes et provinces de France.

571. Histoire physique, civile et morale des environs de Paris, par Dulaure. *Paris, Furne,* 1838, 6 vol. in-8, fig. demi-rel. mar. r.

572. Mes Voyages aux environs de Paris, par J. Delort. *Paris,* 1821, 2 vol. in-8, fig. demi-rel.

573. Diverses vues des environs de Paris, dessinées et gravées par Albert Flamen. 12 pièces.

Gentilly. — Arcueil. — Fontenay-au-Roses. — Bagneux. — Vaugirard et Issy.

574. Bicêtre. Trois vues de l'ancien château, par Goirand. — Aqueduc d'Arcueil, par le même. — Sceaux, Fontenay-aux-Roses, Vaugirard, etc. 25 p.

575. Vincennes. Diverses vues du château, par Isr. Silvestre, Pérelle, Moreau, etc. 16 pièces.

576. Charenton. Vues du village, du pont et du temple. *Israel excud.* — Démolition du Temple, gr. par Séb. Leclerc. — Le Château de Conflans, par Pérelle. — Saint-Maur. — Vue du château de Saint-Maur. *Israël excud.* — Choisy, par Perelle, etc. 22 pièces.

577. Mont-Martre. Représentation d'une chapelle souterraine qui s'est trouvée à Mont-Martre le 12 juillet 1611. *Hdlbeeck, F. Paris,* 1611. — Porte de la ville de Saint-Denis. — L'église de Saint-Denis, par J. Marot, etc. 14 pièces.

578. Histoire de l'abbaye royale de Saint-Denis en France, par Félibien. *Paris,* 1706, in-fol. fig. v. f. (*Arm.*)

13. 579. Abbaye de Saint-Denis, par Isr. Silvestre, J. Marot, etc. 4 pièces.

31. 580. Passy. — Auteuil. — Boulogne. — Château de Monceaux. — Château de la Muette et de Madrid, par Isr. Silvestre, Pérelle, etc. — Vue de l'abbaye de Longchamp, par Isr. Silvestre, etc. 26 pièces.

11. 581. Profil du mont Valérien, autrement dit le Calvaire, comme il se voit de Longchamp. *Balthasar Moncornet excud*, etc. 4 pièces.

6. 582. Chaville. — Noisy-le-Sec. — Marly. — Saint-Cyr, etc., par Pérelle et autres. 25 pièces.

35. 583. PORT-ROYAL DES CHAMPS (estampes relatives à). Veue et perspective de l'abbaye de Port-Royal des Champs. — Plan de l'abbaye de Port-Royal des Champs à vol d'oiseau. — Religieuses pensionnaires de Port-Royal, en habit de chœur, etc., etc. 16 pièces, en partie gravées par Magd. Horthemels.

48. 584. Diverses vues de Corbeil ou de ses environs, par Albert Flamen. 12 pièces.

La ville de Corbeil. — Le faubourg Saint-Léonard. — Le Vieil-Château. — Le château du Péray. — Saint-Germain-le-Vieil. — Vues de Soisy et d'Estiolle, etc.

5. 585. Statistique de l'arrondissement de Mantes, par Armand Cassan. *Mantes*, 1833, in-8, demi-rel.

22. 586. Monographie de l'église Notre-Dame de Noyon, par Vitet et D. Ramée. *Paris, Imprimerie royale*, 1845, in-4, et atlas gr. in-fol. demi-rel.

16 587. Monographie de la cathédrale de Chartres, par A. Lassus, Amaury-Duval et Didron. *Paris, Imprimerie royale*, livraisons 4 et 5, gr. in-fol.

6. 588. Mémoires historiques et critiques pour l'histoire de Troyes, ornés de plusieurs planches gravées, par Grosley. *Paris, Volland aîné*, 1812, 2 vol. in-8, demi-rel.

589. Vue de l'abbaye de Notre-Dame aux Nonnains de Troyes le jour de la pose de la première pierre, faite par madame Victoire de France, représentée par madame de Mont-Morin, le 1ᵉʳ avril 1778, sur les dessins et conduite de M. de la Brière, architecte. In-fol. 1. p.

590. HOEFNAGLE (Georgius). — Vue d'Orléans. In-fol, 1 pièce.

591. Mont Saint-Michel monumental et historique, par Édouard le Héricher. *Avranches*, 1846, in-8, demi-rel. m. v.

592. Diverses vues de villes de France. 36 pièces.

Dijon. — Château de Monbar. *Israël excud.* — Château-Thyerry, Chaulny, Meulan, Espernay, Mante, par Chatillon. — Marseille, par Isr. Silvestre. — Arc d'Orange, par le même, etc.

593. Les Ducs de Bourgogne, études sur les lettres, les arts et l'industrie pendant le XVᵉ siècle, et plus particulièrement dans les Pays-Bas et le duché de Bourgogne, par le comte de Laborde; seconde partie. Preuves. *Paris*, *Plon frères*, 1849, 3 vol. in-8, demi-rel. m. bl.

594. Le Parlement de Bourgongne avec armes et blasons des présidents, chevaliers, conseillers, etc. par Pierre Palliot, Parisien. *Dijon*, 1649, in-fol. v. br.

595. Histoire de l'antique cité d'Autun, par Edme Thomas. *Autun*, 1846, in-4, fig. demi-rel. mar. v. n. rogn.

596. Les Mémoires historiques de la république Séquanoise, et des princes de la Franche-Comté de Bourgogne, par Gollut. *Dôle*, 1592, in-fol. v. br.

597. Histoire de la Franche-Comté ancienne et moderne, par Eugène Rougebief. *Paris*, *Stevenard*, 1851, in-4, fig. demi-rel. m. br.

598. Recueil de pièces concernant la rentrée du parlement séant à Besançon. — Recueil de chansons

concernant le retour de MM. du parlement, la
Retraite de M. de Boynes, intendant de ladite pro-
vince. *Lyon*, 1762. — Laugrognet aux enfers. *Imprimé à Antiboine (Genève)*, 1760. — Lettres d'un
négociant de Besançon, contenant des détails sur
les fêtes que le retour de MM. les trente exilés ont
occasionnées dans la ville de Besançon. *Lyon*, 1762.
— Relation des fêtes que le retour de MM. les
trente exilés ont occasionnées dans la Franche-
Comté. *Lyon*, 1762, pet. in-8, bas.

Recueil de pièces rares. La plus recherchée de ces pièces, Laugrognet
aux enfers (voir les *Mélanges d'une petite biblioth.*) est d'édition originale,
mais sans les figures.

599. Statistique historique de l'arrondissement de
Dôle, par Armand Marquiset. *Besançon, Ch. Deis*,
1841, 2 vol. in-8, demi-rel. m. bl. pl. lith.

600. Le Siége de la ville de Dôle, par Jean Boivin.
Anvers, 1638, in-4, avec le plan de la ville, cart.

601. Antiquités de la ville de Lyon, par le P. Co-
lonia. *Lyon*, 1733, 2 vol. in-12, v. br.

602. Notice sur l'ancien royaume des Auvergnats
et sur la ville de Clermont, par Aut. Delarbre.
Clermont, 1805, in-8, demi-rel. v. br.

603. Les Peintures de l'église de Saint-Savin, texte
par M. Mérimée, dessins de Gérard Séguin. *Paris*,
1845, gr. in-fol. 42 fig. en couleur, demi-rel.
mar. bl.

604. Histoire des antiquités de la ville de Nismes
et de ses environs, par Ménard. *Nismes*, 1831,
in-8, demi-rel.

605. Notice sur la ville d'Aigues-Mortes, par Em. di
Pietro. *Paris*, 1821, in-8, cart. demi-rel. v. f.

606. Recherches historiques concernant les droits
du pape sur la ville et l'État d'Avignon. 1768,
in-8, v. m.

607. L'Auguste Piété de la royale maison de Bourbon, sujet de l'appareil fait à Avignon pour la

réception de M. le duc de Bourgogne et de M. le
duc de Berry, par le P. J. Bontoux. *Avignon,
F. S. Offrey*, 1701, pet. in-fol. fig. demi-rel. bas.

608. La Royalle réception de Leurs Majestés Très-
Chrétiennes en la ville de Bourdeaus, ou le Siècle
d'or ramené par les alliances de France et d'Es-
paigne, recueilli par le commandement du roy.
Bourdeaus, 1615, in-8, cart. (*Exempl. remonté.*)

609. Journal de ce qui s'est fait pour la réception
du roy dans sa ville de Metz, le 4 août 1744. *Metz*,
1744, in-fol. fig. v. m.

610. Diverses vues de villes. 11 pièces.

Verdun. — Bainville, près Nancy. — Château de Conflans en Lorraine.
— Château de Metz-le-Comte, par Chatillon. — L'Hostel de ville de Metz,
par le même. — Belle maison estant en la ville de Metz. — Vue de la
Chapelle des Bourguignons, près Nancy, etc., etc.

V. HISTOIRE DES PAYS ÉTRANGERS.

611. Itinéraire descriptif et instructif de l'Italie en
1833, par Em. P. *Paris*, 1835, 2 vol. in-8, demi-
rel. mar. v.

612. Lettres d'Angleterre, études humoristiques,
par Jules-Marie Lœwé, dessins de Bourgerie. *Paris, Kugelmann*, 1851, in-8, demi-rel. v. bl.

613. Mémoires relatifs à l'expédition anglaise partie du Bengale en 1800 pour aller combattre en
Égypte l'armée d'Orient, par M. le comte de Noé,
pair de France. *Paris, Impr. royale*, 1826, in-8,
fig. color. et cartes, demi-rel. v. br.

Avec envoi de l'auteur.

614. Allemagne et Pays-Bas. *Paris* (*s. d.*), in-8, fig.
demi-rel. v. bl.

615. Mémoires de Christine, reine de Suède. *Paris,
Dehay*, 1830, 2 vol. in-8, demi-rel. v. f.

616. Épisode de l'histoire de Russie. Le Faux Démé-
trius, par Prosper Mérimée. *Paris, Lévy frères*,
1853, in-12, demi-rel. m. n.

617. La Grèce pittoresque et historique, ancienne et moderne, par C. Wordsworth, traduction de Regnault. *Paris, Curmer*, 1841, gr. in-8, fig. demi-rel. mar. v. fil. n. rogn.

VI. HISTOIRE DE LA CHEVALERIE.

618. Cérémonies des gages de bataille, selon les constitutions du bon roi Philippe de France, publiées d'après le manuscrit de la Bibliothèque du roi, par Crapelet. *Paris*, 1830, gr. in-8, avec 11 fig. — Tableau de mœurs au Xe siècle, ou la Cour et les lois de Howel-le-Bon... avec une notice sur la langue française (par Gab. Peignot). *Paris, Crapelet*, 1832, gr. in-8; les 2 tom. en 1 vol. demi-rel. mar. v. n. rog.

619. Le Pas d'armes de la bergère maintenu au tournoi de Tarascon, publié d'après le manuscrit de la Bibliothèque du roi, par Crapelet. *Paris, Crapelet*, 1835, gr. in-8, pap. vél. fig. — Le Combat de trente Bretons contre trente Anglois, publié par Crapelet. *Paris, Crapelet*, 1835, gr. in-8, pap. vél. — Vers sur la mort par Thibaud de Marly. *Paris, Crapelet*, 1835, gr. in-8, pap. vél. demi-rel. mar. r. n. rogn.

620. La Noblesse de France aux croisades, par P. Roger. *Paris*, 1845, gr. in-8, fig. sur pap. de Chine, demi-rel. mar. bl.

621. Les Noms, surnoms, qualitez, armes et blasons des chevaliers de l'ordre du Sainct-Esprit, creez par Louis XIII à Fontainebleau, le 14 may 1633, par le sieur d'Hozier. *A Paris, chez Melchior Tavernier*, pet. in-fol. v.

Les armoiries sont coloriées.

622. Priviléges des papes, empereurs, roys et princes de la chrétienté, en faveur de l'ordre de Sainct-Jean de Hiérusalem, recueillis par le sieur Ché-

vallier des Clozeaux; 2ᵉ éd. *Paris, Remy Soubret,* 1649, in-4, v. f.

Les 10 premiers feuillets sont troués.

623. Histoire de l'ordre du Saint-Esprit, par de Saint-Foix. *Paris, Pissot,* 1775, 2 vol. in-12, v. m.

VII. ANTIQUITÉS. — HISTOIRE LITTÉRAIRE.

624. Nuova raccolta rappresentante i costumi religiosi, civili e militari degli antichi Egiziani, Etruschi, Greci e Romani, da Domenico Pronti. *In Roma* (*s. d.*), in-4 obl. fig. demi-rel. v. bl.

625. Essai sur les hiéroglyphes des Égyptiens, traduit de l'anglais de Warburton (par L. des Malpeines). *Paris,* 1744, 2 vol. in-12, fig. v. br.

626. Essai sur les momies, histoire sacrée de l'Égypte, par Perrot. *Nîmes,* 1846, in-8, planches, br.

627. Recherches curieuses d'antiquité, contenues en plusieurs dissertations, sur des médailles, basreliefs... enrichies d'un grand nombre de figures en taille-douce, par M. Spon. *Lyon,* 1683, in-4, v. br.

628. Monuments inédits, ou nouvellement expliqués, par A. L. Millin. *Paris,* 1802, 2 vol. in-4, fig. demirel. v. ant.

629. Les Illustres Observations antiques du seigneur Gabriel Syméon Florentin, en son dernier voyage d'Italie, l'an 1557. *Lyon, par Jan de Tournes,* 1558, in-4, fig. sur bois, parch. (*mouillé.*)

630. Peintures, bronzes et statues érotiques du musée royal de Naples, par Famin. *Paris,* 1832, in-4, planches gravées au trait, dos, etc. de m. r. n. rogn.

631. Monuments de la vie privée des douze Césars, d'après une suite de pierres gravées sous leur règne. *Caprée, chez Sabellus,* 1780. — Monuments

du culte secret des dames romaines. *A Caprée,
chez Sabellus,* 2 tom. en 1 vol. in-4, fig. demi-rel.
már. v. n. rogn.

632. Trésor de numismatique et de glyptique, ou
Recueil général de médailles, monnaies, pierres
gravées, etc. *Paris, Goupil,* 1834, livraisons 27,
34, 43, 50, 72, 78, in-fol.

633. Éléments de paléographie, par Nathalis de
Wailly. *Paris, Impr. royale,* 1838, 2 vol. gr. in-4,
pl. cart.

634. De la Littérature française pendant le XVIIIᵉ siècle, par de Barante. *Paris,* 1824, in-8, demi-rel. v. r.

VIII. BIOGRAPHIE. — BIBLIOGRAPHIE.

635. Biographie universelle ancienne et moderne.
Paris, Michaud frères, 1811 et suiv. 52 vol. in-8,
demi-rel. v. f.

636. Histoire de la vie et des ouvrages de Raphaël,
par M. Quatremère de Quincy; 2ᵉ éd. *Paris,* 1833,
gr. in-8, br.

637. Vie de Nicolas Flamel et de Pernelle, sa femme
(par l'abbé Vilain). *Paris, Lamy,* 1782, in-12, fig.
v. br.

638. Biographie des dames de la cour et du faubourg Saint-Germain. *Paris,* 1826, in-32, br.
Devenue rare.

639. Manuel du libraire et de l'amateur de livres,
par J. Ch. Brunet. *Paris, Silvestre,* 1842, 5 vol.
in-8, demi-rel. m. v.

640. Analectabiblion, ou Extraits critiques de divers
livres rares, oubliés ou peu connus, tirés du cabinet du marquis D. R. (du Roure). *Paris, Techener,* 1836, 2 vol. in-8, demi-rel. v. f.

641. Catalogues des bibliothèques de MM. V. de Saint-

Mauris, Goddé et Monmerqué, *Paris, Potier*, 1848,
1850, 3 vol. in-8, br.

642. Catalogue des livres de la bibliothèque du roi
Louis-Philippe, 1re partie. *Paris, Potier*, 1852. —
Catalogue des livres de M. le baron Walckenaer.
Paris, Potier, 1853, in-8, br.

643. Catalogue des livres de la bibliothèque de
M. J. J. de Bure. *Paris, Potier*, 1853, in-8, br. —
Catalogue de la bibliothèque de M. Baudeloque.
Paris, Potier, 1850, in-8, br.

644. Histoires prodigieuses extraictes de plusieurs
fameux auteurs grec et latins, sacrez et prophanes,
par Boisteau, Belleforest et autres. *Paris, Cavellat*,
1598, 6 tom. en 3 vol. in-16, mar. r. tr. d. fig. sur
bois. (*Rel. anc.*)

ARTICLES OMIS.

645. Éléments de chimie pratique appliquée aux
arts et aux manufactures, par James Millard, traduits de l'anglais par Coulier. *Paris*, 1822, in-8,
demi-rel.

646. Journal des connaissances usuelles et pratiques,
publié par Gillet de Grandmont et de Lasteyrie.
Paris, 1830 et ann. suiv., 12 tomes en 6 vol. in-8,
demi-rel. v. v, n. rog.

647. Histoire de l'armée et de tous les régiments depuis les premiers temps de la monarchie française
jusqu'à nos jours, par Jules du Camp, illustrée par
Philippoteaux, Charpentier, Bellangé... tome IVe.
Paris, 1850, gr. in-8, br.

648. Manège royal, où l'on peut remarquer le défaut
et la perfection du chevalier, par Ant. Pluvinel,
le tout gravé et représenté en grandes figures de
taille-douce, par Chrispian de Pas. *Paris, Cl. Cramoisy*, 1624, in-fol. obl. 59 fig. v. m.

649. Traité général des chasses à courre et à tir,
par Jourdain, orné de 36 pl. *Paris*, 1822, 2 vol.
in-8, fig. dem.-rel. v. v.

650. Recueil de pièces, par Lenoble.   La Fable
du Rossignol et du Coucou. — Le Renard pris
au trébuchet, fig. — Midas, ou le Combat de Pan
contre Apollon. — Dialogue de la Samaritaine
avec le grenier à sel. — Le Paroli à la Samaritaine,
ou le Censeur savetier, fig. — La Médaille retour-
née. — Le Renard démasqué, 1692, in-12, mar.
v. tr. d.

651. Histoire des origines du gouvernement, repré-
sentatif en Europe, par M. Guizot. *Bruxelles, Mé-
line*, 1851, 2 tom. en 1 vol. in-12, demi-rel. v.

652. Iconographie chrétienne. Histoire de Dieu,
par M. Didron. *Paris, Imp. roy.*, 1843, in-4, fig.
sur bois dans le texte, demi-rel. v. bl.

653. Le Livre d'honneur des élèves de l'Université.
Annuaire d'émulation, publié par un professeur
de l'Académie de Paris. *Paris*, 1837, in-8, fig.
demi-rel. v. r.

654. Transactions of the British and foreign Insti-
tute. *London*, 1845, in-4, m. viol. tr. d.

Beau portrait du prince Albert, et 28 illustrations.

655. Revue britannique, ou Choix d'articles traduits
des meilleurs écrits périodiques de la Grande-Bretagne. *Paris*, 1825-1831, 22 vol. in-8. demi-rel. v.r.

FIN.

TABLE DES DIVISIONS.

HISTOIRE.

ORDRE DE LA VENTE.

———

1re *Vacation.* — *Lundi,* 26 *mai* 1856.

Théologie, Sciences et arts...... N°s 1 — 45
Belles-lettres................ 246 — 286
Beaux-arts................ 46 — 124

2e. — *Mardi,* 27 *mai.*

Belles-lettres................ 312 — 340
Histoire de Paris............ 442 — 474
Beaux-arts................ 125 — 218

3e. — *Mercredi,* 28 *mai.*

Histoire de Paris et des provinces. 525 — 610
———————————— 475 — 524
Beaux-arts................ 218 *bis.* — 245

4e. — *Jeudi,* 29 *mai.*

Histoire................ 611 — 655
———— .... 341 — 441
Belles-lettres................ 287 — 311

Il y aura chaque jour de vente exposition, de 1 heure à 3, des livres et des estampes qui seront vendus le soir.

Les livres vendus devront être collationnés sur place, dans les vingt-quatre heures de l'adjudication. Passé ce délai, ou une fois sortis de la salle de vente, ils ne seront repris pour aucune cause.

Les acquéreurs payeront en sus du prix d'adjudication, cinq centimes par franc, applicables aux frais.

———

Paris. — Firmin Didot frères, fils et Cie, rue Jacob, 56.

PARIS. — TYPOGRAPHIE DE FIRMIN DIDOT FRÈRES, RUE JACOB, 56.